UP
Collection

新装版

日本の法を考える

利谷信義

東京大学出版会

UP Collection

CONSIDERING JAPANESE LAW

Nobuyoshi TOSHITANI

University of Tokyo Press, 2013

ISBN978-4-13-006503-0

はしがき

日本の憲法体制が成立しようとしていた明治二〇年代の初頭、自由民権思想をうたった川上音二郎のオッペケペー節が一世を風靡していました。

「堅い裃《かみしも》角とれて、マンテルヅボンに人力車、いきな束髪ボンネット、貴女《きじょ》や紳士のいでたちで、外部の飾りはよいけれど、政治思想が欠乏だ、天地の真理が判らない、心に自由の種子を蒔け、オッペケペー、オッペケペッポーペッポーポー」（宮武外骨『奇事流行物語』一九五六年、人物往来社）。

この風刺の鋭さには思わず笑ってしまいますが、奇妙な明るさの中にある彼の必死の訴えが、私たちの心を打たないではいません。彼は、民権から国権へという大きな時代の流れに抗して、個人の自由を確立することがどんなに大切なことであるかを、もっとも分りやすい形で主張したのでした。そしてこの主張は、現代の私たちにとっても、決して過去のものになってはいないと思います。

現代の日本社会の変化の早さは、あらゆるものを、あっという間に古くさい感じにしてしまいます。そのため多くの人は、つねに新しいものを追いかけていないと取り残されてしまうという焦燥感を感じているようです。しかし、それだからこそ、私たち自身の立っている位置を、歴史の流れの中で確かめておかねばならないと私は考えます。

歴史の中で現代を考えることは、全く古くさく、まわりくどい方法と見えるかも知れません。しかし私には、人間とは結局のところ、歴史を引きずって歩いている存在であるように思えます。だからこそ、従来の人間の常識をくつがえすような新しい現象、たとえば臓器移植や脳死、生命科学などの諸問題においても、改めて歴史における人間の位置づけを考えざるを得ないのです。

元来社会科学というものは、アフター・ケアの学問ではないかと私は思っています。世の中のものごとが、人間にとって危険な方向に突っぱしろうとするとき、それで良いのですか、と疑問を呈し、他の道の存在を示そうとするのです。それは損な役まわりであり、やればやるほど進歩や発展の邪魔をするなと言われるのが落ちでしょう。しかし社会科学は、この役割を放棄すべきではないと考えます。

この本は、現代日本における法のもつ意味を、近代以降の法の歩みの中で考えてみようとしたものです。過去と断絶しているかに見える現代法現象も、その根が深く日本の近代化のあり方につながっていることを、本書が少しでも示すことができたとすれば、私にとって望外の幸せです。

この本は大変つたないものではありますが、学生時代から御薫陶を賜った福島正夫先生に捧げることをお許し頂きたいと存じます。

一九八五年四月二六日

利谷信義

目次

I 日本の法の歩み

江藤 新平

ボアソナード

植木 枝盛

穂積 陳重

梅 謙次郎

富井 政章

穂積 重遠

末弘 厳太郎

1　近代日本の法と法学

今日は「近代日本の法と法学」というテーマでお話することになりました。しかし、これはなかなかむずかしい。きわめて限られた時間の中で、明治初年いらい敗戦に至る八〇年間の法の歴史と、そこで活躍した法律家の思想を全体としてお話することになるからです。

私はこれを、五つの時期に分けてお話したいと思います。

1　日本の近代化

近代的法制度の導入

明治初年の法ないし法制度を語るばあい、江藤新平（一八三四―七四）を逸することはできません。彼の業績について知りたい方に私がまずお奨めしたいのは、司馬遼太郎氏の『歳月』という小説です。この作品には江藤新平の姿が、研究書よりも生き生きと描かれています。

さて、江藤新平は、日本の法典編纂《さん》事業および司法制度の発展に大きな役割を果しました。彼の制度構想の基軸は、当時の国際的・国内的諸条件のもとで、どのようにして日本の国家的独立を全うし植民地化の危機をまぬがれるか、ということにありました。江藤が法制度の形成のために活躍した明治三（一八七〇）年から明治六年に至る時期は、徳川幕藩体制から明治政府の統治へと移行する重大な過渡期にあたります。目を外にむけると、西洋の先進国が東洋に進出し、多くの国々が植民地化、半植民地化されるという状況にありました。日本も、アメリカなどの列強によって、ひとつまちがえば、植民地化もされかねない危機的状況におかれていたわけです。そのあらわれは、徳川幕府が列強との間に結んだ、いわゆる「不平等条約」です。徳川幕府が列強の圧力に屈して締結した不平等条約の強い網の目を、いかにして破っていくか、そして、新政権をいかにして堅固なものにしていくかが、当時における明治政府の大きな課題でした。

では、この目標を実現するための突破口をどこに求めるべきか。江藤新平はこれを、国内体制の近代化――その前提としての法典編纂と、司法制度の樹立――に求めたのです。

彼は内部においては、法律制度および司法制度を併行的に改革し近代化していくこと、そして、外部にたいしては不平等条約を廃棄していくことを、急務だと考えたのです。

ところで、列強と早く肩をならべるようになるためには、その先進国の産業の発展段階に追いつくことが必要ですし、それに見合った社会のシステムが必要になります。そして、その社会のシステムを支える柱である法律制度、とりわけ法典の整備や司法制度の樹立が不可欠となります。

しかし、西欧諸国のばあいには、法律や司法制度は近代社会の形成・発展とともに、それに見合ったものとして生れてくるのですが、後進的な日本においては近代的な法律も司法制度もほとんど皆無といった状態でしたから、どうしても西欧諸国の近代的法律制度をお手本とせざるをえません。もっとも、お手本とするといっても、それには二つのやり方があります。一つは、それをお手本にして独自の法律制度をつくることであり、いま一つは、そのお手本をそのまま移入し、そのまま日本語に翻訳することです。この二つの道のうち彼はどちらかといえば後者の道を選んだのです。彼ももちろん日本の実状に応じた修正は考えています。しかし、直輸入的な方向を強く追求したのは、幕藩体制時代の旧秩序を積極的にとりこわし、新しい社会関係をつくり出す手段として法律制度の移植を考えたからであります。このために彼は、当時、西欧諸国のなかでもとりわけ進歩的だといわれたフランスの法律制度をとりいれようとしました。それは法典の形をとっているので、とりいれやすいという面もありました。

江藤のこの選択は、まことに注目に値します。なぜなら、当時における徳川幕藩体制の崩壊しつつある姿は誰の目にも明らかなことでしたけれども、しかし、それは、まだまだ根強く残っていて社会秩序の混乱の原因となっておりました。明治政府が新しい社会秩序を建てなおすためには、どうしてもこの旧秩序を粉砕しなければなりません。そのためには人民を啓発して、人民自身の新しい社会を生みだそうとするエネルギーを育成していく以外にないと考えたからです。百姓一揆などに象徴されるような、古い制度や収奪に抵抗して立ちあがった人民のエネルギーを解放しよう、ここに彼の新しい法律制度をつくっていこうとする意味があったのです。そこで目をむけたのがフランスの諸制度でした。

フランスの制度は、いうまでもなくフランス革命を契機として生れたものですから、当時の日本とは比較にならぬほど進歩的なものでした。ですから、日本がフランスの制度をとりいれることには、人民を抑圧してきた諸関係をとり除いて人民を解放する、という意味がありました。もっとも、当時の日本の知識人が、フランスの制度についてかなり高い水準の理解をもっていたということも、見のがすことはできません。

司法改革

ご承知のように、明治三年から明治六年頃にかけて、たくさんの法律――太政官布告など――が、次々に公布されます。それは抑圧されてきた人民の権利を伸展させようとする方策の一環でありました。それだけではまだ充分とはいえませんので、さらに人民の権利の主張を守る機構をつくろうとしたのが司法改革です。江藤新平が司法卿となったとき、明治五年に裁判所構成法の前身である「司法職務定制」をつくりました。さらに明治六年には「訴答文例」が制定されます。「司法職務定制」の中には、証書人（公証人）、代書人（司法書士）、代言人（弁護士）の制度が定められました。当時の人々の多くは、自分の主張したいことをはっきり言えず、また書面に書くことも困難でありました。したがって、この人たちに代って、その要求や利害関係を法律文書にしたため、あるいは法廷で代弁する専門家が必要になります。「司法職務定制」は、これらの専門家をつくりだし、人民の権利の主張を容易にした点で、また「訴答文例」も民事訴訟をおこす道をはっきりさせた点で大変に画期的です。

なぜなら、幕藩体制にあっては、およそ訴訟をおこすこと自体が大それたことで、容易にできることではありませんでした。また、紛争がおこって訴訟にまでなりますと、幕藩体制の末端にある名主や庄屋が上のほうから、なぜ「内済」ですますことができなかったか、といって叱責をうけたのです。こういうわけで、一般に訴訟は忌むべきもの、一つのタブーだったのです。

さて、明治五年一一月には行政訴訟の道もひらかれました（司法省第四六号達）。行政訴訟を認めたことは、いま私たちが推測する以上に大変なことだったと思います。なぜなら幕藩時代には、役人を訴えることなどは到底考えられなかったからです。

たとえば、行政訴訟によって提訴できるいくつかの項目の一つには、「地方官及び其戸長等にて太政官の御布告及び諸省の布達に悖《もと》り規則を立て或は処置を為す時」という定めがあります。前に述べましたように、明治三年以降の布告や布達は人民の自由を解放するという性格をもち、全国におよんでいきました。しかし、地方官、つまり府知事・県令や、その下にある戸長などがこの太政官布告や諸省の布達に反する立法または処置をするばあいもないではありませんでした。そこで中央政府として、府知事・県令・戸長にたいする人民からの抗議の出訴を認めることにしました。このように、底辺の人民の抱えこんでいるさまざまな問題について、人民が国家権力にものを言い、泣き寝入りしなくてもすむ、という道をひらいたことは、まさに江藤の功績でした。

行政訴訟の道をひらいた効果について、のちに伊藤博文（一八四一―一九〇九）が『憲法義解《ぎげ》』

のなかで、「明治五年司法省第四十六号達は、およそ地方官を訴ふる者皆裁判所に於てせしめたりしに、地方官吏を訴ふるの文書法廷に蝟集《いしゅう》し、俄《にわか》に司法官行政を牽制するの弊端を見るに至れり」と言っています。これは、いかに多くの人民が全国的に、ぞくぞくと地方官を訴えたかを示しています。江藤は、このように下からのエネルギーを訴訟の道に導くことが、一方では中央の政策を底辺にまでゆきわたらせる上に、他方では、急速に政治機構の中央集権化を進める上にもきわめて有効であることを知っていたのです。

もっとも、ここでつけくわえておくべきことは、この江藤のとった司法改革それ自体は、薩長藩閥が中心をなした政府にたいする佐賀藩閥に属した江藤の権力闘争の一つの手段でもあったことです。とはいっても、彼が人民のエネルギーを解放し、日本の近代化をすすめるために司法制度の改革をおこなった点は高く評価しなければならないと思います。

近代化の矛盾

しかし、このような近代化をすすめていきますと矛盾に逢着します。もともと明治維新の主導権をにぎったのは幕藩体制において支配階級に属する人々でした。士族層のなかの目覚めた人々——必ずしも下級武士ばかりではありません——が古い体制を排除して新しい政権をつくったのです。そうしなければ列強がどんどん日本におしよせてきているという状況に対応できません。だから、この人たちは出身の藩においても藩制改革をやっておりま す。もはや古い士族層だけに頼っていては列強に対抗できない。たとえば皆さんがよくご存知の長州藩の高杉晋作や山県有朋は、奇兵隊（農兵隊）をつくりました。他藩でも同様に下からのエネルギーが噴きだして、頭の古い偉い人たちに政治をまかしていたのではだめだ、という革新的な動きが活発化し、ついには、これらの新しい考えをもった人たちが権力をにぎってしまう。やがて、この人たちが中央の新しい政府の指導者として登場してくるのです。これが明治政府の実体であったのです。しかし、彼らもやはり旧支配層の出身者であります。近代化を徹底的にすすめていきますと、みずからの出身の基盤である藩の基盤をくずしてしまい、かつての同僚からも白い目でみられるということになります。たとえば江藤新平は佐賀藩で大改革をやりますが、行政整理をすると旧士族層の全部を登用することは不可能になります。ですから整理された人たちから恨まれ、彼は何度も暗殺の危険にさらされました。

彼らは中央の政権をにぎったのちも、新しい事態に対応するために権力自体の内部淘汰をつづけていきます。それにともなって、これに対応できない人たちは脱落し、それに代って平民のなかからも新しい考えをもった人たちが登用され、政権をつよめました。この改革の進行にともなって、旧士族層の窮乏が目にみえてあらわになります。それを放置すると政権への反抗をひきおこし、政権は不安定化します。近代化の進行はこういった矛盾に逢着したのです。

この矛盾をどのように解決していくべきか。江藤はついにこの矛盾を解くことができなかったのだと思います。彼は、結局は佐賀藩の不平士族とともに佐賀の乱をおこして敗北し、明治七年四月に殺されてしまいます。あれだけの革新的な考えをもち、中央であれだけ活躍していた人が、そして征韓論を機に野に下り、ただちに「民選議院設立建白書」を提出して政治の民主化をさけんだ人が、なぜ、士族反乱という近代化に逆行する動きに加担したのか、このへんは私にもよくわからないところです。

ある人によりますと、もともと江藤新平は封建反動的な人であった、結局彼は古かったんだ、といってきびしく切りすててしまうのですが、私は、これに疑問をもちます。彼の活躍の軌跡、すなわち近代的な法律や司法制度を作っていったその足跡を見ますと、どうもそうとばかりは思えません。あるいは彼のなかには封建と近代との二つの魂があって、互いに相争っていたのかもしれません。もっともこの二つの魂は、彼特有のものではなく、日本の近代を担ったすべての人たちにつきまとっていたものと言えましょう。そして彼は、もっとも急激な近代化の道をおしすめたために、かえって逆に、かつて彼が切りすてた士族に殉じたのかもしれないと思います。それは、後進資本主義国における近代化の矛盾の果てに倒れていった、一人の英雄の悲劇であったのです。

司法改革のゆりもどし

江藤新平が倒れたのちに、政権の中心的存在となったのは大久保利通です。彼は征韓論において勝利を得、政権をにぎるとすぐに内務省を設置し（一八七三年一一月）、みずから内務卿となって中央集権的な体制づくりを推進しました。そのために、司法制度を改め、行政訴訟にたいしても大きな制限を加えました。なぜならば、伊藤博文のいったように、全国で地方官を訴えることが拡大しますと、地方官を通じて強力な政策展開ができなくなるからです。

大久保や岩倉具視《ともみ》、伊藤などは欧米の文明諸国をまわり、その強大な発展の姿を目のあたりに見てきました。そして、日本をなんとかしなくてはいかんと思って帰ってきたのです。彼らは、日本をがんじがらめにしていた不平等条約をなんとか改正したいと思ってアメリカやヨーロッパ諸国をまわってきたのですが、その点については列強から、けんもほろろの扱いをうけてきた。ですから、条約改正はいまの日本の力ではとてもできない、時期尚早だと落胆して帰国したのです。帰国してみますと、西郷隆盛や江藤が征韓論を実施しようとしていました。そこで大久保や岩倉は、とてもそんなことが許される国際情勢ではない、いまはまず、国内体制をしっかり固めなくてはならない、といって対立するのです。

この結果、大久保たちは反対派を追放して政権をにぎり、強権的な政治体制をしいて国内の秩序を固めました。まず一方では秩禄処分、すなわち華・士族の秩禄を金禄公債証書と引きかえて華・士族を有価証券の所有者にするという方法で行政整理を貫徹しました。有償とはいっても、それはいままでの華・士族という身分制度の実質をなくしていくことですから、これは大事業でした。他方では、地租改正によって土地に対する私的所有を認め、幕藩体制下の土地制度を改革しました。これらの改革のうえに殖産興業政策を展開し日本に近代的産業、資本主義を発達させていこうという政策をとったわけです。

このような大事業は、そう簡単にできませんから、非常に強い国家権力による統制が必要になります。しかし、このような強権策には、人民の利益と相反する面がたくさんあります。だからこそ、行政訴訟がおこります。しかしそれでは大事業を強権的に実現することはできません。したがって、明治七（一八七四）年九月に行政訴訟制度の改革を行い、行政事件については、司法官が受けつけても、中央政府の指示を得なければならないものとしました。

さらに民事事件についても、明治八年には裁判官が和解を勧告する「勧解」制度を訴訟に前置しました。前置ですから、紛争がおこっても直ちに裁判で争うということはできません。これは、幕藩体制の共同体的秩序のなかで行っていた「内済」の焼きなおしの面をもっています。したがって、勧解制度をつくったことは、共同体的な秩序をもう一度再編成し村落の有力者などによる紛争解決をはかろうという方向をつよめたことにほかなりません。しかも、勧解には裁判所が関与するという権力的な面もありました。

こうして人民の権利の主張が抑えられ、逆行的な意味での司法制度改革が行われたわけです。このことは、政府の強力な殖産興業政策、その他の政策の遂行のためでした。

人民のエネルギー

しかし、一度解放された人民のエネルギーは、このような逆の司法制度改革によって立ち消えになるというものではありません。さきほどの征韓論に破れて下野した人たちのなかには、単に士族の利害を代弁するにすぎない者もいましたけれども、政治に人民の声をもっととりいれるべきだ、専制的な政府ではいけない、という考え方を持つ人も決して少なくありませんでした。これが「士族民権」と呼ばれている自由民権運動で、板垣退助に代表されます。これは、インテリゲンチアとしての士族が、当時の人民の代弁者になっていたことを示しています。

この「士族民権」が時代おくれになっていきますと、それを引き継いで「豪農民権」の時代がきます。これは地租改正によって土地を与えられ、生産に励んでいた人々を中心とする民権運動です。しかし、明治一〇年代後半になると、政府の寄生地主の保護政策によって豪農による民権運動はおとろえ、豪農はこの運動から脱落し、これに代ってより下層の農民による、いわゆる「農民民権」的な動きが活発化していくことになります。

これらをみても、人民のエネルギーは担い手と形を変えて脈々とうけつがれ、司法制度の逆行的な改革でもって易々とおさえ切れるものでなかったことがわかります。そのことは、司法統計にもあらわれています。日本には明治八（一八七五）年以降しか司法統計はありませんが、事件数は全体として急激に増加していきます。明治八年の第一審の民事訴訟受理件数は三二万五八三七件でした。「勧解」が本格的に行われるようになった明治九年でもそれは三二万八〇六三件となりますが、勧解は一八万一五六一件にもなり、自由民権運動の最盛期の明治一五年には第一審が一八万八五一七件、勧解が八七万五五六五九件。明治一六年には第一審が二三万九六七五件、勧解が一〇九万四六五九件に達しました。両者を合計すると一三〇万件をこえます。現在でも民事訴訟の年間新受件数は二〇万件程度であり、行政事件に至ってはせいぜい一〇〇〇件程度にすぎません。

これに対してその当時の人口は三〇〇〇万人程度、しかも交通不便で裁判所の数も少ないという悪条件にもかかわらず、このように厖大な事件が裁判所にもちだされたということは、いったい、どうしたことでしょうか。おそらく人民は都市からだけでなく山奥からも草鞋《わらじ》がけで、弁当を腰に下げ、何日も歩いて裁判所にやっとたどりついたことでしょう。全国津々浦々で、そういった現象がみられたと思います。そうでなければ、こんな、一〇〇万件という驚くほどの数はでてきません。このような厖大な事件数がみられたという底には、きっと、代言人、代書人の人たちの大きな助力があったと思われます。

では、こういった一〇〇万件もの厖大な事件が、なぜ、おきたのでしょうか。そういった掘りおこしは、いまのところ、ほとんどなされておりません。当時の状況を考えますと、文字を読み書きできる人、役人や裁判官の前で物を言える人は、かなり少なかったのではないでしょうか。いまでも裁判所へ行くとか、裁判所の前を通ると、足がふるえるといった人があるといわれますから。それが、いまから一〇〇年も前のことですから、裁判所の恐しさは想像以上のものがあったといえましょう。そのような時代に一〇〇万件以上もの訴訟があったのです。よく日本人には権利意識がないとか弱いとかいわれます。それが、はたして真実であるのかどうか。この点をもう一度疑ってみる必要があります。人口が僅か三〇〇〇万人程度にすぎなかったときに驚くほど厖大な訴訟事件があったという事実こそ、日本人には本来的に権利意識が欠けているという主張にたいする、なににもまさる反証ではないでしょうか。

2　明治憲法体制の形成過程

民権思想の展開

底辺から噴き出してきた人民のエネルギーの目標は、自分たちの利益を代弁してくれる政府をつくりたい、ということではなかったかと思います。とくに西南戦争後、明治政府が武力をもってしては倒せない存在となったとき、前に述べた「民選議院設立建白書」の流れをくんで、国会開設の運動が滔々たる流れになるのです。自分たちを治める国家と政府はいったいどのようなものでなければならないか。人々の関心はそこにありました。

当時の人民の民権思想にかんする学習は目をみはるものがあったといわれます。『戒能通孝著作集』(日本評論社)の第四巻『所有権』に掲載された「日本における政治過程と所有権」のなかで、戒能先生は、「明治一〇年代前半が、日本史上未曽有の国民的総学習時代だったことに注目する必要がある」と書いています。

戒能先生のとりあげた例には、まず、福沢諭吉(一八三五―一九〇一)の書いた『学問のすすめ』があります。この本が明治一三(一八八〇)年に合本されて刊行された際(第一版は明治五年)、福沢は、それまでに真版が二〇万、偽版(海賊版)は一五万を下らず、仮に全部で二二万としても、当時の人民の数を三五〇〇万人とすれば、人民一六〇人のうち一人がこの本を読んだ計算になる、と誇っているのです。戒能先生は、二〇歳から四〇歳の男子をとってみれば、二、三〇人に一人は『学問のすすめ』を読んだといってよいといわれています。この本は、有名な「天ハ人ノ上ニ人ヲ造ラズ、人ノ下ニ人ヲ造ラズト云ヘリ……」という文章からはじまります。明治の文明開化のなかで、この本がいかに人民の一人一人にアピールしたか、よく想像できると思うのです。もちろん、当時読まれていたのは『学問のすすめ』だけではありません。外国の本の翻訳もたくさんでておりました。たとえば、ジョン・スチュアート・ミルの『自由の理』、ルソーの『民約論』、モンテスキューの『法の精神』など。あるいはまた、フランスやイギリスの法律の訳本、政治制度の訳本などが日本中で読まれていたのです。

色川大吉教授の編著である『民衆憲法の創造』(一九七〇年、評論社)をみますと、多摩の深沢家という旧家の蔵から、いま述べたような本もふくめて、たくさんの本がでてきたことが書かれております。色川さんは、「こうした貴重な文献が、なかば腐食しかけながら、辛くも土蔵に残っていたことは偶然の奇跡としかいうほかない」と書いておられます。しかしこのようなことは、この深沢家だけにかぎらず、貴重な蔵書がまだ全国の旧家の土蔵に残っているのではなかろうか、と思うのです。皆さんも、そういう心当りがありましたら、ぜひ、探していただきたい。

深沢家から見つかった本のなかには、ベンサムの『民法論綱』や『立法論綱』、あるいは『仏蘭西法律書』、ボアソナードの『性法講義』や『仏国民法講義』といった、非常にむずかしい法律の本がずらっと並んでいます。

この深沢家のあるところは八王子市に近い五日市町ですが、当時そこの小学校の先生で宮城県志波姫町出身の千葉卓三郎という人がいました。齢はまだ二九歳ぐらいでした。この人は、その地域の青年たちと一緒に月に三回「学芸講談会」というものを開いてそこで一生けんめいに皆で勉強しました。その講談会の討論題目も残っています。題目のなかの相当に多い項目が憲法に関係するものです。これは、自由民権運動の大きな目標であった国会開設を要求し、憲法草案を作ってもちより政府につきつけよう、という当時の運動の動きに呼応するものでした。

深沢家の蔵からは、千葉の署名のある憲法草案がでてきました。これがいわゆる「五日市憲法草案」です。これは家永三郎教授などの編纂された『明治前期の憲法構想』(一九六七年、福村出版)にも載せられておりません。家永先生の本には何十という自由民権運動のなかで作られた民間の憲法草案(私擬憲法草案)が載っていて参考になりますが、「五日市憲法草案」は色川さんらによって新たに発見された非常に貴重なものであります。

青年たちは日中働いたあと、夜集って多くの本を読み、いったい自分たちにとって、どういう政府が望ましいか、どういう憲法が必要か、そういう討論を深夜におよぶまでやりました。この憲法草案は、その成果を千葉卓三郎が代表者としてまとめあげたものです。その経過が『民衆憲法の創造』という本には興味ぶかく描かれています。当時、数多くつくられた民間の憲法草案は、このような底辺のエネルギーが凝集して形をなして噴きでたものにほかなりません。

私擬憲法草案

自由民権運動のなかで作られた、いわゆる「私擬憲法草案」のねらいはどこにあったのでしょうか。ひとくちに私擬憲法草案といってもその内容はさまざまであり、ニュアンスのちがいはありますが、その基本要素の一つは、新しい国家のあり方としての議院内閣制の実現にあったと思います。

たとえば、参議をしておりました大隈重信は、明治一四（一八八一）年三月に「国会開設奏議」を政府に提出しております。これは大隈自身が書いたのではなく、彼のブレーンの矢野文雄の起草になるものと言われていますが、大隈の考えでもあったのでしょう。この建議書と明治一四年五―六月の「交詢社」の憲法草案とは密接な関係があります。

この交詢社の草案をみますと、「皇帝ハ万機ヲ主宰シ宰相並ニ左右両院ニ依リテ国ヲ治ム」となっています。しかし、「政務ノ責ハ一切宰相ノ保佐ニ帰ス」と、天皇の政務における無責任性を示しております。さらに宰相の選任については、「首相ハ衆庶ノ望ニ依リ皇帝親シク之ヲ選任ス、他ノ宰相ハ首相ノ推薦ニ依テ之ヲ命ス」としております。この草案の説明は、「政治上自然ノ妙機ニヨリ政党ノ樹立スルニ至ラハ党与中最モ徳望アルモノ衆人ノ推薦ニ由リ自ラ首相タルノ地位ヲ有スルニヨリ皇帝陛下図リテ以テ之ヲ命スルニ過キサルヘシ」といっております。

これらをみれば、この草案が議院内閣制を主張していることは明らかであります。このことは実質的には、経済的な支配階級の利益を代弁する国会の多数派が統治集団として権力をにぎるべし、ということを意味するのです。

この交詢社の憲法草案の内容と同様の趣旨をハッキリ述べたものが明治一五年に出た福沢諭吉の「帝室論」です。この帝室論は、帝室は日本人民の精神的な中心であるから、これを政治のなかに巻きこむのではなく、これを非政治化して日本の人民の精神的統合体とし、これによって政治的安定をはかるものとする、政治は政党にまかせておくべきだ、というのです。

この交詢社の憲法草案の考え方は、当時の類似の憲法草案のなかではきわめて重要な地位を占めておりました。これよりもっと急進的なものに自由党の植木枝盛（一八五七―九二）の作った草案があります。けれども天皇中心の政府にたいして、より大きな現実の脅威を与えたのは、この大隈系の草案であったのです。

したがって、岩倉具視や伊藤博文は、この交詢社の草案と大隈の奏議を危険視し、これと徹底的に対決しようとしました。そして、この年におきた北海道の「開拓使官有物払下事件」を契機として大隈を政府から追放しました。これがいわゆる「一四年の政変」です。

伊藤博文の憲法起草

では、この大隈の奏議や交詢社草案に対決しようとした岩倉や伊藤の考えはどのようなものであったかといいますと、岩倉の示した「大綱領」に示されるように、政党などに全く左右されない不動の独自性をもった政府、いわゆる超然内閣をつくりあげることにありました。

伊藤はそのためヨーロッパを訪れて勉強をします。プロイセンのグナイスト教授やオーストリアのスタイン教授について、堅固な政府をつくり自由民権理論に対抗できる理論を必死で勉強するのです。というのは、自由民権側は大隈の奏議や各種草案にみられるように、強固な理論構成をもち、しかもその理論を人民的な底辺のエネルギーが支えていたのです。これを無視し、たんに武力によって弾圧するだけでは事がおさまりません。もちろん当時の政府は、福島事件やその後の激化事件によって知られるように、武力によって自由民権運動を激しく弾圧しましたけれども、やはり、これにたいする理論も準備しなければならなかったわけです。

さて、明治一五年八月一一日付で、伊藤はウィーンから岩倉あてに手紙をさしだしました。それによると、英・米・仏の自由過激論者の著述を金科玉条とする現状にたいし、「之を挽回《ばんかい》するの道理と手段とを得候、報国の赤心を貫徹するの時機において、その功験を現はすの大切なる道具と奉存候て、心私《ひそか》に死処を得るの心地仕候。将来に向て相楽居候事に御座候」とあります。では、ここにいう「道理と手段」とは何をさすのでしょうか。それは彼がグナイストやスタインから習った、「君位君権は立法の上に居らざる可からず。……君主の許可なくして一も法となる者なし、君主の許可なくして一も命令となる者なし」という原則であります。そのほか伊藤は、ドイツ皇帝から、ドイツの帝国議会との関係でさまざまな苦い経験を味わったことなどを聞き、いろいろの忠告をうけたりもします。

伊藤はこのように、ドイツやオーストリアの法制度の研究をし、その実態をつぶさに見聞して、自由民権運動に対抗できる理論をまとめあげて帰国するわけです。

こうして伊藤は、井上毅、伊東巳代治、金子堅太郎とともに、国家権力の独自性と政府権力の絶対性を基礎とする大日本帝国憲法づくりにとりかかりました。

その基本的な考え方については、伊藤自身がのちに枢密院の憲法制定会議において、「日本においてはヨーロッパのように、キリスト教というような国民の精神的な中心、安定をはかるものがない。日本においては皇帝を機軸とする以外にはない」、だから「この大日本帝国憲法においては皇帝を機軸としたのだ」ということを強調しています。そしてこの思想は、「大日本帝国ハ万世一系ノ天皇之ヲ統治ス」、「天皇ハ国ノ元首ニシテ統治権ヲ総攬」するという、いわゆる「天皇主権」を宣言する大日本帝国憲法にあらわされます。

伊藤の書いた『憲法義解』では三権分立を明確な形で認めておりません。統治権は天皇が総攬する、だから、その下の次元において三権が分かれているといったものにすぎなかったのです。

3　明治憲法体制の確立

日本の憲法学の出発

伊藤博文のつくった憲法の学問的な裏づけに努力したのは穂積八束《ほずみやつか》博士(一八六〇―一九一二)です。彼は伊藤博文・井上毅に早くから嘱目されてドイツに留学し、大日本帝国憲法(明治憲法)の発布される直前に帰ってきてただちに帝国大学法科大学で憲法の講義をはじめました。彼は明治期をつうじて帝国大学の憲法の主任教授として大きな影響力をもったのです。

この穂積博士によって、はじめて天皇主権が法理的に基礎づけられることになります。ただ、穂積博士のばあいには、伊藤のばあいとちがいまして、「国体」と「政体」とをはっきり区別し、政体レベルでは三権分立を明確な形で示しております。伊藤と穂積博士との考え方がなぜ違ったかが問題です。伊藤のばあいは、君位君権が最高であり、それが超然内閣によって保佐されて現実化するわけですから、三権分立は不要だということになります。これはまさに、岩倉が最初に提示した憲法の「大綱領」にのっとったものです。

しかし、実際に帝国議会が動きだしてきますと、超然内閣ではなかなかうまくいきません。とりわけ経済的な支配階級が帝国議会のなかの衆議院で力を増大してきますと、超然主義はますます困難をきわめていきます。明治憲法体制においても、政府が政党を操作することはむずかしくなるわけです。他方、自由民権運動の流れをくんだ民党は、議員になって赤い絨毯《じゅうたん》を踏むと保守化するのですが、根が底辺につながっていますので、議会で民党の議員が多数を占めていきますと政府のいうことがなかなか通らない。とくに「予算議定権」を主張して闘いますと、政府は積極政策を展開できません。

このような現実をとらえて、穂積八束博士は三権分立を強く主張します。つまり、三権を分けることによって逆に政府の独自性を守ろうというのです。民党の主張はこの限度で認めよう、ただし政府の権力の範囲はここまであるんだから、ここからさきは議会がはいっちゃいけないという、政府権力の一歩後退、二歩前進の理論であったと思います。もちろん三権分立論を主張した穂積博士も、そのうえに国体論をおいて、天皇主権は絶対的なものであると主張したのは、やはり伊藤と共通するものがありました。

このようにして明治二二（一八八九）年にできた明治憲法体制は、いろいろな困難をのりこえて政府の統合力を高め、日清、日露の戦争をへて明治三〇年代の初頭にようやく安定した時期をむかえるのです。私は、この時期に戦前の法体制の確立がなされたと考えています。

日本の法学と「法律進化論」

この安定期に大きな役割を果した法学者は、穂積八束博士のお兄さんである穂積陳重《のぶしげ》博士（一八五五―一九二六）です。穂積陳重博士はイギリス、ドイツに留学し、明治一四（一八八一）年に帰国して東京大学の法学部の教授、法学部長となります。彼の考え方の基礎は「法律進化論」でした。これは、ダーウィンの生物進化論やスペンサーの社会進化論から大きな影響をうけ、これらを法律の分野に応用したものです。この法律進化論は、世界的にみてもユニークといえるものです。

この理論の特質の第一は、国際的な危機感が反映されているということです。彼がヨーロッパに留学して世界の状況を見たとき、各国の法律はいろいろな流れと動きを示していました。たとえば、中国法の系統に属するもの、インド法の系統に属するもの、さらに回教法の系統に属するもの、こういう法の系統はみんな衰えている。それに対してヨーロッパ法系だけが勢力をもって存続している。このような現実をつぶさに見て、この現象のなかに「優勝劣敗」という進化の法則が支配しているのだと見たわけです。そこから、日本は「劣敗」の道にまきこまれてはならない、とするのです。ですから、彼の法律進化論はきわめて実践的な意味をもっているのです。彼は、日本の状況が法律進化の流れのなかでどういう段階にあるのかを検討し、世界的な流れと日本の段階とを比較して日本は大体どのへんに位置するのかを考えます。その結果、彼は、日本が進化の法則性、つまり優勝劣敗における「劣敗」をまぬがれるためには、従来、中国法系を歩んだ日本の軌道修正をおこなう以外にないし、そのためには強大な国家権力によって「優勝」の道を選ぶほかないと確信するのです。

第二は、彼の法律進化論の主張の中心が、もっぱら私法にあったということです。このことは、彼が日本におけるブルジョアジーのイデオローグ、すなわち当時興隆しつつあったブルジョアジーの法的な代弁者としての意味をもっていたことに関連があります。彼は、個人の私法上の権利を伸ばすことによって、はじめて国権も伸びるのだと主張しております。

第三は、第一、第二とも関係しますが、学者の任務は、法の法（精神）の認識にある、と強調していることです。具体的には、学者が外国の法律を勉強するばあいに、ある一つの国の法律だけにこだわってはだめで、より比較法的な考え方に立つべきだということです。というのは、一つの国の法律にはそれぞれの沿革があり、思想があり、また特殊な状況がある。だから一つの国のものだけに傾くと偏頗《へんぱ》になりやすい。そこで、すべての国々、なかでもとくに「優勝」している国々の法律を勉強し、その法の法、すなわち、法の底を流れているものをくみとっていくことが必要である、そして日本に適した日本の法を確立すべきだ、といっているのです。

この指摘は、当時の日本の法学者だけでなく、別の意味で現在の私たちにもあてはまります。私たちは英、独、仏などヨーロッパ法の研究に偏っていますが、これからはアジア諸国や社会主義諸国の法にも目を向けていくことが必要です。

さて、このように穂積博士の理論は、決して急進的ではありませんでした。とくにフランス流の天賦人権思想には反対で、フランスの政治思想や法思想の影響には警戒的でした。この立場は、つぎに述べるいわゆる「法典論争」によくあらわれております。また、穂積陳重博士の思想は、その弟である穂積八束博士ほど保守的ではありません。八束博士の考え方は、当時の日本の資本主義の発展には対応しえなくなっていくのですが、陳重博士の考え方は、日本の資本主義の発展に即応する体制的思想として、きわめて重要な意味をもっていたのです。

明治民法の編纂　明治民法の編纂は、穂積陳重博士の考え方が大きく影響し、その考え方を基礎としてできあがったといっても過言ではないと思います。

ところで、明治民法編纂の前に有名な「法典論争」がおこります。これは、明治憲法体制の確立過程においておこった一つの大きな問題でした。憲法が国家の骨格をつくるものであるとしますと、国家のなかにふくまれる社会関係を安定化するための媒体となるのが民法であります。憲法だけで国家体制が固まるものではありません。市民社会の基本法としての民法、そのうえに商事関係をつかさどる商法、こういったものがつくられませんと、全体としての国家体制はできあがりません。したがって、この民法をどのようなものにするかはきわめて大きな問題であり、このことから、激しい政治的論争がひきおこされます。すでに明治二三（一八九〇）年には、明治初年から日本の法制の近代化に功績のあったボアソナードを中心として「旧民法」がつくられ、明治二六年からの施行をまっていました。これに不満な人々は、実施の延期という形で実質的に廃棄させようとし、これに賛成の人々は予定通り施行すべしと主張しました。帝国議会ではついに延期派が勝利をえて、新しく編纂されたのが、いわゆる「明治民法」です。この起草にはボアソナードを除き、日本人だけがあたります。その起草を担った学者は、穂積陳重、富井政章《まさあきら》（一八五八―一九三五）、梅謙次《うめけんじ》郎《ろう》（一八六〇―一九一〇）という帝国大学の三教授でした。さきの「法典論争」においては穂積、富井の両博士は延期派であり、梅博士は断行派の中心でした。

明治民法の編纂は、まず起草委員として、こういう考え方のちがう三人を組み合わせました。また、草案を審査する法典調査会の総裁には時の総理大臣伊藤博文がなり、副総裁には西園寺公望、あとの委員には政界、財界、学界、司法官、弁護士など、各界の人材を登用しました。こうして当時の支配層に属する人々の合意をもって「明治民法」が編纂されたのです。

さて、穂積陳重博士は、起草に先だって「法典論」を書き、さらに「法典調査ノ方針」を書いて、明治民法編纂の基本方針を示しました。

まず第一に、明治民法の編纂が法典論争を前提とするものであることから、一定の思想的な統一のうえに成り立たなければならないこと。

第二は、明治民法の全体の構成については旧民法のばあいのように、フランス民法典式ではなく、ドイツ民法第一草案にならってパンデクテンシステム（総則、物権、債権、親族、相続の各編）をとること。

この点に関する穂積博士の考え方は、財産法は、世界の大勢、つまり先進資本主義国と同一の原則をとらなくてはいけない、しかし家族法については、日本の現在の状況はまだ家族制度から個人制度へと移行していく過渡期にあるから、法律進化論からしてこの段階を一挙に飛びこえるわけにはいかない、進化の道を順次にふまねばならない、とするものです。彼によれば、日本の現状分析をしてみると、まだ戸主制度、「家」制度のもとにある。しかしこれは過渡的であって、そのうち、しだいに個人的な制度に向うであろう。とすれば、戸主制度、「家」制度を認めると同時に、個人的制度に向っていく道を開いておく必要がある。そこで、分家などはできるだけ容易にして個人的制度へすすめる手段としたのです。

この穂積博士の考え方は、過渡的な家族制度を、世界共通の原理をもった財産法と見あうように構成し、日本の資本主義を発展させていく上に適合的な形に民法全体を組みあげるというものです。戦前の日本では、日本資本主義の特殊性から、家族経営が広範に存在しました。現在でも農業や中小企業などには家族経営が広範に残っております。明治民法の「家」の制度は、家族経営を法的に保護することを基盤においていたわけです。そして、そのことがまた国民の精神的な統合、つまり頂点には皇室を中心とする「家族国家」、底辺には家族経営を中心とする「家族主義」を保障するというイデオロギーを支えることにもなりました。

このように、穂積博士は当時の家族制度を過渡的なものとして前提していましたから、それが将来改正されることを予定していました。パンデクテンシステムをとったのは、財産法（総則・

物権・債権）と家族法（親族・相続）の両部分が分かれており、家族法の部分だけ改正しやすいからです。財産法の部分は世界の大勢にそっているから大改正は必要ないというわけです。この穂積博士の考え方は、ある意味ではよくあたりました。戦後の民法改正において親族法、相続法だけが全面的に変わり、あとの財産法関係は大体そのままになっているからです。

さらに基本方針の第三は、「概括主義」に立っていたということです。彼は、明治民法の条文をできるかぎり簡単にしたい、と言っております。およそ法律というものは社会の変化に即応していかなければならない。ところが法典は、そう簡単に変えることができない。条文を簡単にしておくならば、たとえ社会の変化があっても解釈にゆとりがあり、法改正をする必要がない、と考えたのです。世界的にみても、フランス民法典やドイツ民法典を継受した国々の民法典は、いずれも、もとの法典よりは簡単になっております。それは、裁判のための基準となる母法の原理だけをとりこむところから、自然にそういう現象がおこるのです。穂積博士のように積極的にそれを意識して概括法にしたことは、やはり炯《けい》眼というほかありません。

もっとも法律を概括的にしてその生命を長く保とうとする考え方は、明治憲法をつくった伊藤博文にもありました。伊藤は、この明治憲法を不磨の大典とするために概括的にするということを言っております。しかし、穂積博士の考え方は決して反動的なものではありません。それは、かの法典論争の過程で明らかにした漸進主義をみてもわかります。穂積博士の考えは時代に適合的で、当時の激動する国際情勢、国内の資本主義的な発展にもっとも対応できる理論であったと言えます。穂積博士の法律進化論の発展段階的な考え方は、その後の日本の法学にたいしてもきわめて大きな影響力をもったと言ってよいでしょう。なぜならば、現代の日本の法学、いな、社会科学全体が、この発展段階的理論の影響をつよくうけているからです。このような考え方の一端は、穂積博士に由来しているのです。

法解釈学の発展

さて、明治民法ができたあとの法律学の動き、とりわけ日本における「法解釈学」についてお話したいと思います。当時の代表的な、そして民法学において先駆的な役割を果した学者は梅謙次郎博士です。梅博士は逐条形式の『民法要義』（全五巻）という本を書いております。この本は、日本のその後の民法学の基礎となりました。

『民法要義』に見られる梅博士の考え方は、かなり柔軟なものであります。彼自身が民法の起草者の一人でありますから、制度の前提となる社会関係について思いをめぐらせていたこと、さらに社会関係が急激に変化するであろうことを予見していたことが、このような結果につながったのだろうと思います。さらに、一概にはいえませんが、梅博士が留学した当時のフランス法学には、社会関係の変化に即して柔軟な考え方をとるものがでてきていたことも、彼に影響を与えていたのかも知れません。

概念法学

この梅博士の後になると、民法典を体系的に解釈していこうという気運がつよくなります。その先駆者としては富井政章博士がありますけれども、本格的な役割を果した学者としては、川名兼四郎博士や松本烝治《じょうじ》博士、ドイツ法で有名な三瀦《みつま》信三博士があります。松本烝治博士は戦後、国務大臣として憲法制定にたずさわった人ですが、民法学者でもあり商法学者でもあったのです。

これらの学者は法文に即して体系的な解釈を展開しました。これがいわゆる「概念法学」であります。しかし、日本における概念法学時代はきわめて短期間でした。それは日本の社会がそういった概念法学の発達をゆるさなかったということによるものでしょう。

ところで皆さんは、概念法学とか概念法学者といえば、がちがちした法律解釈と頭の固い法律学者の典型を思いうかべられるかもしれません。しかし、本来概念法学なるものは、近代市民社会における予測可能性の保障、つまり、Aという行為をすればBという法的な効果が生ずるのだということを、ハッキリと示してくれるための学問でもあったのです。こういう予測可能な基準がなかったならば、近代資本主義は順調に発展することはできなかったでしょう。だから、この予測可能性を保障する点において概念法学の果した役割は大きかったのです。

しかし、当時の日本の社会のように急激なテンポで発達してゆきますと、いま言ったような意味での概念法学はなりたたないわけです。というのは、明治三〇年代から四〇年代にかけては、明治二七、八年の日清戦争をきっかけとして日本の資本主義は急激に発展し、とくに日清戦後経営によって重工業が確立し、独占資本主義の方向へ急テンポですすんでいきます。いま風に言えば高度経済成長です。日本の経済の急激な発展を反映して社会関係の変化も早い。そういう社会においては概念法学が十分に発達する余地はありません。予測可能性を重んずるというよりは、変化に即応することが重視されるからです。

また、概念法学が官僚法学化しますと、その悪い側面、すなわち国民が権利を主張するばあいに為政者のほうで、それはだめだ、というための手段になるという面がでてきます。いわば「拒絶法学」であります。もともと明治憲法以下の法制度は行政裁判制度が出訴事項を狭く限り、国民の権利の主張よりは強固な国家体制の確立のほうに重点があったように、国民の主張をできるだけ閉ざすものとなっていました。明治憲法下の法律学も、政府の意向に追随するような、つまり市民の立場に立ったものではなく官僚が国民をコントロールするのに都合のよい法律学、あるいは官僚になるための法律学といった性格をつよめていくのです。

法学教育の展開

これと関連して法学教育の制度にふれておく必要があります。そもそも私立大学の前身である私立の法律学校のはじまりは、なんらかの形で自由民権運動と結びついてつくられたものが多かったのです。代言人（弁護士）のなかには自由民権運動にたずさわる人も多かったのですが、そのなかには弁護活動のほかに法学教育のための塾をつくる人もいました。しかし、代言人規則によって両者を分離せざるを得なくなったとき、法学教育に重点をおいて私立の法律学校へと発展していった例をみます。

たとえば、和仏法律学校（法政大学の前身）、明治法律学校（明治大学の前身）、専修法律学校（専修大学の前身）などがそうです。英吉利法律学校（中央大学の前身）、日本法律学校（日本大学の前身）は、やや性格を異にします。また、慶応義塾は幕末からあって法律学に限りませんでしたし、東京専門学校（早稲田大学の前身）は在野的ですが当時は政治学に重点がありました。

ところで、これらの私立学校は、総じて明治憲法体制の確立過程において大きく制約されていきます。たとえば明治政府は、大隈の東京専門学校には、行政官や裁判官は講義にいってはいけないなどの圧迫を加えました。

この点は東京大学も同様であります。東京大学がその体制をととのえたのは明治一〇（一八七七）年でありますが、その教育のあり方は、ときの為政者の希望にはそぐわなかったようです。とくに伊藤博文は非常に不満を呈しておりました。伊藤は明治一二年の「教育議」において、「法科」「政学」という学問はごく少数のエリートに学ばせるべきものであるといっています。「政経ノ過多ナルハ、国民の幸福ニ非ス」という彼の言葉は、自由民権の動きを苦々しく思っていたことを示します。この伊藤の考えを実際に移したのが初代文相の森有禮《ありのり》でした。彼は明治一九年に東京大学を改組して帝国大学とし、これを頂点とし、小学校を底辺とする教育制度の改革を実施し、帝国大学では法科を重視する政策をとります。帝国大学の総長は法科大学長、いまでいえば法学部長を兼務し法学教育に睨《にら》みをきかせます。また他方においては、私立の法律学校を帝国大学が監督するという制度をつくりました。

このように政府の大学にたいする統制の流れにおいて、帝国大学は官僚養成大学―官僚給源の大学としての性格をハッキリと位置づけられ、その一つのあらわれとして明治二〇年には、帝国大学法科卒業者には高等文官試験を免除し、ただちに試補という高級官僚候補者にするという特権を与えました。こうして私立の法律学校の卒業者との間に大きな格差を設けたのです。これは明治二六年になって改められますが、この骨格は、のちのちまでも残りました。こうして明治三〇年代になりますと東京帝国大学の法科は、ますます官僚養成機関としての性格を濃くし、そこにおける講義も官僚養成的法学となり、私立の法律学校は在野法曹の給源ないし地方の役人の給源としての役割を果していくというのが、その時代の状況でありました。しかし、社会は激しく動いていきますから、やがてその社会の趨勢に見合った法律学、つまり法社会学的な視野をもった法律学がでてくることになります。

概念法学からの脱皮

ここで再び民法学の動きにかえります。東京帝国大学で厳密なドイツ法学流の解釈学の作業を展開された川名兼四郎教授は、大正三（一九一四）年に僅か四〇歳の若さで病没いたします。そのあとに、やはりドイツ法学の伝統をうけ継いだ石坂音四郎教授が京都帝国大学から東京帝国大学に移ってきます。もっとも、石坂先生はドイツ流といっても、時代の動きを察知し、民法学のなかに社会的な変化を組みいれる必要があると考えて、大変に苦闘された人です。その苦闘が原因となったものか、その後僅か四一歳で亡くなったのです。

このように将来を嘱目された若年の民法学者が、つぎつぎと亡くなるものですから、「民法学者は短命である」といわれたそうです。川名、石坂両先生のほか、立命館大学の加古祐二郎先生、東北大学の橋本文雄先生といった偉い先生たちは、みんな四二、三歳で亡くなっております。この人たちは、みんな若いうちに立派な仕事をしてこられたのですが、ほんとうに惜しいことでした。

東京帝国大学では、石坂先生が若くして亡くなられたあとを継ぐ世代として、大正三年にヨーロッパの留学から鳩山秀夫先生（一八八四―一九四六）が帰国し、あいついで、やはりヨーロッパ留学から穂積重遠先生（一八八三―一九五一）が帰国して二人とも教授となります。重遠先生は穂積陳重博士のご子息です。さらに、末弘厳太郎《すえひろいずたろう》先生（一八八八―一九五一）も新進の助教授として登場してきます。こうして日本の民法学界は、新たな段階を画しました。

鳩山先生は、日本の民法学において概念法学を確立した第一人者とよくいわれます。けれども私は、この指摘には全面的に賛成することはできません。私の考えでは、鳩山先生は社会関係にもかなり目を配って日本の法律学を体系化しようとした学者でした。その芽はすでに石坂先生のときからありましたが、鳩山先生は『民法における信義誠実の原則』などを書かれて、その考え方をおしすすめました。この鳩山先生の弟子が我妻栄《わがつまさかえ》先生であり、日本の民法解釈学の飛躍的な発展を実現されたことは、いまさらいうまでもありません。

鳩山先生にたいして穂積重遠先生は、より自覚的に法社会学的な考え方をとりいれていこうとした人です。さらに、この法社会学的な考え方を積極的に推進されたのが末弘厳太郎先生でした。

4　世界史の転換と法体制の再編

明治天皇の崩御

明治から大正へ——、これは歴史的にみてやはり大きな転換でした。日清、日露の戦争をへて日本の資本主義は急速に発展していきます。資本主義が発展していくと、資本は巨大化し、それにともなって労働者の数もぐんとふえていくことになります。このような変化は必然的に社会問題、労働問題の発生をうながしていきます。

また資本主義が発展していきますと、農業の分野は相対的に不利な立場におかれ、地主の立場も経済的には従来より窮迫していきます。その皺寄《しわよ》せは小作人におよび、ここに地主と小作人との関係が険悪化し、小作運動がおこってくるわけです。

さらにまた、日本は日清戦争の結果、植民地として台湾を領有し、日露戦争後は朝鮮に支配権をおよぼし、さらに中国大陸にも手を伸ばしていきますと、これらの国々の民族主義との間でも摩擦を生じてきます。さらに、極東に根拠をもっている列強との間にも国際的な緊張関係が高まっていくわけで、日本は、まさに内外にわたって多難な道にはいっていくのです。

この国家多難のとき明治天皇が亡くなって、為政者たちは周章狼狽しました。これは余談ですが、明治天皇が亡くなるまえに、枢密院会議の席で天皇が居眠りされました。山県有朋はそれを横目でみて、自分の軍刀でガチンと床を突く、するとその瞬間に、天皇はハッと目を覚まし姿勢を正された、という話が残っているほど天皇はお疲れになっていたらしいですね。山県なら、やりそうなことですけれども、あとで山県も、天皇の居眠りが病気のせいだと知って、しまったと思ったにちがいありません。

いずれにしても明治天皇の急逝によって時の為政者たちは愕然とします。それというのも、明治憲法体制は天皇のところですべての権力が統合されるというメカニズムをもっております。近代日本の大きな中心であった明治天皇が亡くなったことによって、これまで進行していた政治的、経済的な矛盾が一挙に表面化する可能性がでてきました。というのは、明治天皇のあとを継がれた大正天皇には、誰の目からみても明治天皇に代りうるような政治的な統合力がなかったのです。それまで政治権力をガッチリと握ってきた為政者たちは、天皇のまわりをとりかこみ、自分たちのやることを天皇の意思だとして、明治天皇の政治的統合力に依存して体制を維持してきました。それを大正天皇に期待することはできません。だから、大正にはいりますと、政府にたいする民党の攻勢が一段と強烈さを加えてきます。第一次護憲運動を起点とする大正デモクラシー運動は、こういう背景をぬきにしては考えられません。この大正デモクラシーの波濤のまえには、さしも堅固であるかにみえた国家権力とその体制も大きく動揺することになります。

そのなかで、もっとも有名な政府弾劾演説は、尾崎行雄の放った「玉座を以て胸壁となし、詔勅を以て弾丸に代えて政敵を倒さんとするもの」という言葉です。そしてついに大正二（一九一三）年二月、桂太郎内閣は崩壊しました。いわゆる大正政変です。

尾崎の演説は、新聞によって国民にアピールしました。国民は、権力者たちは天皇の名でやっているけれども、実は自分たちが勝手にやっていたんだ、ということを強く印象づけられました。これをきっかけとして国民一般は、かねてからもっていた国家体制にたいする不満を吐きだします。その不満の態様にはいろいろありますが、ともかく、これまで政治的発言をしなかった「民衆」が、新しい政治的な主体として登場します。そうすると、どうしても、政治的な安定を回復するためには超然内閣でなく、民衆の動きを反映する政党の政権担当を認めざるを得ません。

これまでは、天皇を中心として、そのまわりに元老があり、この元老が政治の主軸となって動いてきたわけです。しかし、時代の流れはそれを許しません。そこで政権への政党の参加を認めるわけですが、政党に与えられた役割は、二つありました。一つは、政治的な統合、二つには、民衆にたいする統制です。これまでの狭い権力支配だけでは通らないから、ある程度、政党を政権に接近させて権力を安定させる。しかし他方では、ついには大正七（一九一八）年の米騒動にまで至る、下から起こってきた不満のエネルギー、いわゆる民意をある程度くみあげて、これをコントロールしその不満を解消させる、ということです。大正デモクラシーは、政治的には政党による近代的支配を前面におしだしました。そのゆきつくところは「普選」といわれる普通選挙の実現の問題でした。

大正デモクラシーと憲法学

さて、大正デモクラシー運動が活発化していくと、政党の力を憲法政治のなかで最大限に認めていかざるを得ない、という考え方に行きつきます。この考え方を憲法学説として構成したのが、美濃部達吉《みのべたつきち》博士（一八七三―一九四八）のいわゆる「天皇機関説」です。ただし、この天皇機関説という名称は美濃部理論の一つの側面をとらえているにすぎません。美濃部博士の理論の中心は、議会制度の比重を高めていくべきだとするものです。ですからこの理論は、穂積八束博士の理論と真っ向から対立することになります。美濃部学説は、当時における現実の政治過程にもっとも適合する考えでありましたので、東京帝国大学の学生をつうじて官僚にも、あるいは一般の人たちにも、たちまち浸透していったのです。まさに時代がそれを要求したといえましょう。

美濃部学説の一般化とともに逆に穂積（八束）学説の影響はしだいに低下していきます。ここに穂積八束博士の愛弟子である上杉慎吉博士（一八七八―一九二九）が、バトンタッチして出てきます。その頃、東京帝国大学には憲法講座が二つできて、上杉、美濃部の両講座が並講されるようになりました。そういう点では東京帝国大学には、かなり柔軟なところがあったのです。

しかし、こういう異質の両学説が相対した結果、やがて上杉、美濃部論争がおきることになります。その論争も、最初の段階では学問的なものでありました。とにかく、美濃部学説のほうは、大正デモクラシーを支える法的な理論でしたから、多くの支持を集めました。また、政治理論としては有名な吉野作造博士の「民本主義」が、民衆にアピールしました。

私法学においては、穂積・末弘両博士の法社会学的な理論が展開されることになります。これらは、それぞれ分野はちがいますが、同じ背景から生れたものと言えましょう。

ここでは、もう時間も残り少なくなりましたので穂積重遠博士と末弘厳太郎博士に限って述べてみたいと思います。この二人の先生は、民法学における新しい傾向、とりわけ法社会学的な民法学を開拓した最大の功績者であります。穂積先生は、人柄が非常に温和な方だったそうですが、その理論の展開も進歩的ですけれども穏やかな感じを与えるものです。末弘先生のばあいには、果敢というか独創的というか、きわめて論争的に問題を提起されたところから、その影響力は大きかったといえます。

大正デモクラシーと民法学

さて、末弘先生は大正九年に留学から帰られ、その翌年に『物権法』上巻をあらわしました。この本によって当時の法学界は非常な衝撃をうけたといわれます。もっとも私などは、学生時代にこの本を読みまして、「なんだ、あたりまえのことが書いてあるではないか」と思ったことがあります。そこで、私がある先生にそう言いましたら、その先生は、「君はそう言うが、当時は革命的だったんだ」とおっしゃいました。たしかにそのとおりだと思います。私たちは穂積先生や末弘先生に育てられたお弟子さんの先生方に習ったわけです。その先生方から習ったことは、両先生の理論のうえに立ってそれを発展させたものですから、私たちにとっては両先生の本を読んでも珍らしいとは思わなくなっているわけです。学問の発達とは、このようなものだと思います。孫がピョンピョン跳びはねて、おじいさんを怖がらないのとよく似ています。

ところで末弘先生の『物権法』上巻の序文には、次のように書かれております。「法律学には『あるべき法律』を説く部分と『ある法律』を説く部分とがある」。ここにいう「ある法律」とは結局のところ法的実態をさすもので、法社会学の元祖の一人であるエールリッヒのいった「生ける法」にあたります。社会のなかで生きて動いている規範、人々の行動を現実に規制している規範、これをエールリッヒは「生ける法」と呼びました。末弘先生はこのエールリッヒの影響を強くうけておられます。結局、「ある法律」を説く法律学というのは法社会学にほかなりません。

もう一つの「あるべき法律」というのは通常の法規範をさします。しかし、末弘先生が目ざす「あるべき法律」を説く法律学は、まず「ある法律」の研究のうえに立って、社会の現実に適合した「あるべき法律」を築きあげるべきものである、という点で、従来の、法律からまず出発する法律学と大きく異なるものでした。これを「社会学的法律学」ということもあります。法社会学のうえに立った法解釈学であります。

しかし注意すべきは、末弘先生が社会の現実に適合した法解釈を主張されるとき、それが現実への単なる妥協を意味するものではなく、当時の法律を批判して、国民の生存権の保障を実現するということにその主眼があったということです。「ある法律」の研究、法社会学は、そのための有効な手段を見出すためのものであります。末弘先生が『物権法』のなかで、それまで法学者が全く目を向けなかった日本の社会の現実に注目したのもそのためです。

この『物権法』では、入会権、あるいは小作権などが論じられておりますが、これは農村の現実から出発してその解決をはかるのでなければだめだ、という思考態度をハッキリと示されたものと思います。このことは、当時はまだ、法規から出発し条文の解釈ではこうなるのだという法律学が主流を占めていたのにたいし、大きな改革的役割を果したのです。

民法判例研究会

穂積先生と末弘先生は、「民法判例研究会」と「東大セツルメント」の開設において、日本の法学界に大きな影響を与えました。民法判例研究会は、穂積、末弘両先生を中心とし、その頃東大の法学部を出たばかりの若い研究者たち、たとえば我妻栄、田中誠二、中川善之助、平野義太郎、東季彦という人たちが加わり、さらに第二年度からは松本烝治、鳩山秀夫、田中耕太郎、菊井維大《つなひろ》、さらに第三年度からは末延三次《すえのぶさんじ》といった先生方がこれに参加しました。

この民法判例研究会による「判例評釈」は、従来おこなわれてきた「判例批評」とは性格を異にしております。それまでの判例批評といえば、たとえば、梅謙次郎先生のものがあります。梅先生は、法政大学の発展に大きな役割を果しましたが、『法学志林』という雑誌を刊行し、それにずうっと判例批評の筆をとっておられます。これを当時、法学界では裁判の一審、二審、三審になぞらえて、第四審と呼んでおりました。この梅先生の批評は、判決を具体的な事実に適用された法的判断というよりも、むしろ法典の解釈学説と考えて起草者の立場からその当否を批判したものでした。ところが、末弘先生の考え方はもっと別のところにありました。

まず、末弘先生は、法律の規定というものは一定の社会的な実態に対応してできるものだ、と言われます。社会的な実態に対応した規定をつくるためには、個別具体的な実態を一般的な類型としてとらえ、それを規制するための一般的な規範として法律の規定をつくるという順序が必要です。こうして実態と法規との対応関係が形成されます。

ところが、いったんこのような関係が成立しても、一方では、社会はどんどん変っていきます。しかし他方、法律をそれに対応させて変えていくということは容易ではありません。また、もともと立法者は万能というわけではありませんから、すべての事実関係、社会関係を考慮にいれて、うまく対応する規定をつくっているというわけでもありません。民法をとってみましても、このような対応しない関係はいくらもあります。これを法の欠缺《けんけつ》といいます。そして法の欠缺にも立法者の考えの不充分さからでたものもあり、立法後に社会関係が変化、変質し、新しい社会関係が生じたためにでてくるものもあります。このようなばあい、裁判所でこれをどう扱うかが問題です。国民には裁判をうける権利がありますから、裁判所では提訴された事案にたいし何らかの裁断をくださなければなりません。しかし、その事案にたいして直接対応する法規がないわけです。このようなばあい、従来の法律学はさまざまな解釈技術を駆使してきました。たとえば、縮小解釈、拡張解釈、あるいは類推解釈、反対解釈といったさまざまな解釈技術を駆使して、既存の法規から事案に適用すべき法規範を見いだすことができるとしてきました。いわば既存の法規のなかに、引きだすべき法規範は潜在しているというわけです。

しかし末弘先生は、裁判官が裁判をするばあいには、まず目の前にある事実から出発し、この事実関係にたいして最も具体的に適切で妥当な解釈を与える法規があるかどうかを検討し、もしないばあいには法が欠缺していることを正面から認めるべきであるとされます。そしてそのばあいには、具体的な事実関係の分析とその類型化、すなわち法規範の定立をしたうえで、その事実関係に妥当な解決を与える法的判断をすべきであるというのです。もちろんその法的判断は、既存の法体系と一定の整合性をもつものでなければなりません。しかし既存の法規から解釈によって引き出してくる規範よりも、現実への妥当性はより強いものだと言えましょう。そこでは裁判官は具体的事件に即してではありますが、新しい法規範を創造しているということが認められるわけです。末弘先生は、このような裁判官の法創造作用を重視されたからこそ、判例の研究を重視されたのでした。判例研究会が目ざしたものは、裁判官によって創造された新しい法規範を発見することでした。梅先生の判例批評とのちがいは、これで分っていただけると思います。

そこで一言つけ加えたいのですが、明治の末から大正にかけて非常に大胆ともいえる新しい判決がでてきます。概念法学的な立場に立っていた三瀦信三先生は、これはドイツの自由法学説に惑わされた悪い判決だときめつけております。しかし、それらは裁判官が新しい社会関係に対応する新しい考え方に立って判決をしたものにほかなりません。

このような判決がでてくるためには、新しい社会関係から生じた新しい利害を代弁する人がいなくてはなりません。そういう意味において、弁護士の果した役割はきわめて大きかったと言ってよいでしょう。弁護士が国民の新しい利害関係を裁判所に投げかけ、裁判官はそれをもとにしていい判決を生みだし、これをつうじて法を創造していったのです。とりわけ、この時期の上告理由がいいのです。上告理由がいいから判決もまたよくなる。私は上告審判決だけしか見ていませんが、もし、下級審における弁護士の主張、立証を克明に見ていくならば、その当時の新しい社会関係にもとづく新しい利害を代弁する弁護士の役割がよくわかると思うのです。

さて、末弘先生の判例研究の立場は、おおきく言えば、当時の大正デモクラシー運動とも結びつくものでした。すなわち、その底辺を支える国民のさまざまな要求は従来の法体系ではあまり認められていなかったものです。裁判官の法創造作用を認め、その成果を理論化することは、それによって初めて認められてきた国民の要求を、国家権力の保護のレベルで安定的に保障しようとすることにほかなりません。それは、国民の生存権に根ざした要求に法的な構成を与え、それを裁判所も承認するようにするためのものであり、いわば「生存権擁護の理論」だったと言っても誤りではないでしょう。

末弘先生は、この生存権擁護の立場に立って既存の法体制そのものをも批判しました。その点でも、末弘先生は実に果敢な態度をもって批判の筆をふるったのでした。それは、いま読んでみても鮮烈で大胆であり、現在にもあてはまるのではないかと思うほど鋭いのです。皆さんも、ぜひ、『末弘厳太郎著作集』(日本評論社)を読んでいただきたいと思います。いまから五〇年も前に書かれたものとはとても思えません。五〇年も同じ本が生き生きと感じられるということは、日本の社会にとっては決して名誉なことではありません。

民法判例研究会とならぶ穂積、末弘両先生の大きな功績としては、「東京帝国大学セツルメント」の創設があります。大正一二（一九二三）年の関東大震災による被災者の援助のため、穂積先生や末弘先生方を先頭に、東大の学生などが救援活動に参加しました。それはいわば歴史的といってもいいほど献身的な奉仕活動であったようです。東大の構内や上野公園に避難した人々の世話が一段落ついたところで、せっかくできた学生の救援組織を解散するのは惜しいということになり、アーノルド・トインビーがロンドンで始めたユニバーシティ・エクステンション（大学拡張運動）の故事にならって東大セツルメントが設立されました。トインビーは、大学で勉強する者はその特権に安住することなく、社会のために貢献しなくてはならぬという旗じるしのもとに、ロンドンのスラム街を中心に学生のセツルメント運動を展開したのでした。

東大セツルメント

東大セツルメントは、東京の柳島を根城として、その地域の住民とともに学びかつサービス活動をしたのです。それは、最高学府の教授と学生のもっている知識を社会に還元し、逆に社会やその人々から生きた知識をうけるという相互関係のうえに成立つ活動であります。法科の学生も、労働学校、児童学校、あるいは保育園、法律相談などの活動をしました。このセツルメントには、穂積、末弘両先生を先頭に、我妻栄先生、平野義太郎先生、川島武宜《たけよし》先生などが指導教授として関係されました。

セツルメントに参加しますと、いうまでもなく地域住民の生活の実態に触れることになります。

末弘先生はこのセツルメントの経験から「帝大セツルメントを通じて見たる法律」という論文を書いておられます。ここで先生は、法律相談の目的としては、相談者に法律知識を与えることばかりでなく、学生が法律相談をつうじて社会の生きた姿をみることができること、さらに裁判事件に現われることなくおわる法律問題、すなわち現行法の欠陥を知ることができることにある、と言われています。このことからも、セツルメントは末弘先生の法社会学的な観点を培うのに大きな意味をもったのだと私は憶測しております。末弘先生はセツルメントを、社会の観測所のようなものとして位置づけておられたのです。法社会学の始祖の一人であるエールリッヒは、「生ける法」研究所が必要だといっておりますけれども、セツルメントは末弘先生にとってそれにあたるものだったといえましょう。

このように国民の生活の実態のなかから妥当な規範を見いだしていく方向をつよく主張された穂積、末弘先生の薫陶のもとに、日本の民法学者や法社会学者たちは大きく育っていくのです。中国法制史で有名な仁井田陞《にいだのぼる》先生、マルキシズム法学で有名な平野義太郎先生（一八九七―一九八〇）、地租改正で有名な福島正夫先生、戒能通孝先生、川島武宜先生、磯野誠一先生、磯田進先生といった錚々たる人たちが、このセツルメントの関係者です。この人たちによって日本の民法学、法社会学の新しい発展が見られることになります。

日本のマルキシズム法学

日本におけるマルキシズム法学の草分け的存在は平野義太郎先生であります。平野先生は末弘先生の弟子で、大正一四年にはすでに『法律における階級闘争』という本を書きました。後年、先生は次のように言っています。「わたしは『法にかんする社会法則を理論的に探究』していくうちに、法の生成、発展、転化などが社会の生産関係そのもののうちに根ざし、その変革のうちにあるという学説をとるに至っている。しかし、それは末弘博士が大正後年に説かれた法秩序の背後にあるもの、それを動かす社会法則を探究して行った結果である」。つまり、法社会学は社会関係のなかにある「生ける法」とその法則性を探究する。平野先生のばあいは、マルキシズムによってその法則性を探究するという方向にすすみ、社会関係の基底をつらぬいている経済関係における利害の対立、階級の対立こそ、法を動かす原動力であるという理論に到達したわけです。

ところで大正期は大きな転換期であり、したがって体制自体が激しく動揺していく時期でありました。しかし他方では、それを再編成する動きも生れてきます。大正八年の原敬《たかし》内閣に典型的に示されているように、政治的統合を新しい形で実現するものとして政党内閣が出現しますが、このせっかくの政党内閣のもとでも国内体制は十分な安定を保つことができませんでした。この政党内閣での第二次護憲運動の流れのなかで、一方では「普通選挙制度」が生れますけれども、他方では、「治安維持法」が制定され、この治安維持法体制は、その後における日本の暗い側面を形成していったのです。

5　国家総動員体制とその破綻

さて、昭和にはいりますと、日本は積極的に中国大陸政策を展開します。それによって鋭く中国の民族主義と対立することになり、いよいよ日本は国際的な矛盾にさらされます。また、国内的には不況や恐慌に苛《さいな》まれ、ずるずると破局におちいっていくことになります。そのため学問の自由も急速にせばめられていくことになりました。

学問の自由の弾圧

平野義太郎先生は昭和五（一九三〇）年に治安維持法違反のために東大をやめましたし、昭和八年には、滝川事件によって刑法の滝川幸辰先生が京都大学から追われました。昭和一〇年には、いわゆる天皇機関説事件が起きました。かつて、明治末年の美濃部、上杉論争では、まだ真面目な学問論争として終始したこの問題は、昭和一〇年の段階になりますと国体にかんする鋭い政治問題と化し、美濃部博士の本は発行禁止、貴族院議員は辞職のやむなきに至るということになりました。

その後も進歩的な学者はどんどん追われます。昭和一一年には、コムアカデミー事件、昭和一三年には人民戦線事件、これによって「労農派」の理論家と目されていた大内兵衛先生をはじめ、脇村義太郎、有沢広巳といった先生たちが検挙されて東大の経済学部を、また美濃部亮吉先生も同様に法政大学を追われました。その後自由主義者であった河合栄治郎先生も東大を追われて、学問の自由はほとんどその跡をとどめないばかりになりました。

日本法制の総体的把握

このような昭和期にも、社会科学全般にわたる研究活動が展開した時期がありました。その学問的成果として、『日本資本主義発達史講座』（岩波書店）の発刊があります。この講座は全七巻ですが、これには法律学者の平野義太郎、経済学者の野呂栄太郎、大塚金之助、山田盛太郎といったいわゆる「講座派」の少壮学者たちが参加し、その編集によってできたものです。この本は昭和七（一九三二）年から八年にかけて出版され、ベストセラーとなったといわれています。この講座にもりこまれた、いわゆる「講座派理論」によって、はじめて日本の資本主義の全体像と、それに対応する日本の法律の発達が描かれました。

これにかんする平野先生の著作は、後に『日本資本主義社会の機構』（岩波書店）と『日本資本主義の機構と法律』（明善書房、現在は法政大学出版局）という有名な二冊の本になります。とくに後の本は、法律の発達を日本の資本主義の総機構から分析するという点で、それまでの法制史では考えられなかった画期的な本です。すなわち平野先生は、法律制度は有機的な総体としての資本主義機構の外皮であるとし、法律制度の構造的変化や機能の変化を資本主義の発展と関連させて分析することによって、明治以降の法律の発達の全体像を法則的につかまえようとされました。

この考え方が画期的であった理由を少し敷衍《ふえん》しておきましょう。さきにも述べたように日本の法律制度は、外国の法律をもとにして、これにさまざまな修正を加えたものです。すなわち、外国の法律を手本にして、できるだけ日本の実状に適合するようにつくりかえたわけですけれども、やはり、継受的な要素が濃厚であったと言わざるを得ません。したがって、継受的な側面だけを重視すると日本の法律制度はその基盤となる日本の歴史の発展とは関係のないものになり、これでは一つのまとまりのあるものとしてとらえることはできないことになります。

これにたいして平野先生は、日本の資本主義の形成と発展の過程において、それをおし進めた国家がその手段として法律を移し植え、修正し、体系化して定着させたものとしてとらえますから、その総体を日本資本主義との関係において法則的にとらえることができます。

それまでの法律史ないし近代法史の研究は、そういった全体的な理論的構成をもつことはできず、たんに断片的な説明で終っていました。明治の外国法摂取の時代においては、ひたすら法を移し植えてそれを動かしていくことに視点がおかれ、法律全体を体系的にみることが自覚されなかったのも当然です。しかし末弘先生や平野先生の時代になりますと、日本の資本主義の高度な発達に見合った日本独自の法律の動きもみられるようになってきます。平野先生の考え方が卓越していたことはもちろんのことですが、その分析を可能にした客観的条件の存在も見落すことはできません。

財産法学と家族法学の確立

日本の民法学は、昭和の初期に大きく発展しました。それを代表するのが我妻栄(一八九七—一九七三)、中川善之助(一八九七—一九七五)の両先生です。いずれも法社会学と民法判例研究会のつよい影響の下にあったことが注目されます。

我妻先生は、大正一四(一九二五)年末に留学から帰ったとき、それを待ちかねていた鳩山先生のあとをついで直ちに講義をしなければなりませんでした。その時我妻先生が、その後の研究の出発点を確立しようとして書いたのが、「私法の方法論に関する一考察」です。それは法学者の研究課題を、まず法規範の背後にある具体的な生活関係の発生と変化の過程を分析し、つぎにこれを批判的に考察して、それを貫く具体的な指導原理を明らかにし、さらにこの指導原理を基礎として、法概念や法規に一定の内容を与え、一定の時点において矛盾のない体系を構成するもの、としました。ここには、法社会学をとりこんだ法解釈学形成の見事な指針が描かれています。そして先生は驚くべき努力のつみ重ねをもって、これを実行されたのです。今でも債権関係に関する古典として揺ぎない地位を占める『近代法に於ける債権の優越的地位』（有斐閣）は、具体的な債権関係の発生と変化の過程を分析し、それを貫く指導原理を明らかにしようとする労作でした。そして『民法講義』（岩波書店）は、指導原理にもとづいて、厖大な判例研究を基礎に、整合的な解釈理論の体系を構築しようとするものでした。我妻法学がその後の日本の財産法学をリードし、現実に適合するものとして長く通説の地位を保ったのは、社会的現実に関する鋭敏な感覚と、強固な理論的基礎と、そして巨大な努力の積み重ねがあったからだと思われます。

家族法の領域で、我妻先生に匹敵する仕事をしたのは中川善之助先生でした。中川先生の方法論は、テンニースやウェーバーから社会関係を型として把握することを学び、メインやクーランジュから社会の発展段階的理解を得、法社会学的研究によって家族の実態を把握するという三要素から成立していました。

この方法論をもって、明治民法の「家」制度を批判しつつ新しい家族法の体系を展開しようとしたのが昭和五年の『略説身分法学』でした。また昭和一六年の『身分法の総則的課題』は、財産法と異なる家族法の特殊性を、法解釈学の理論として確立しようとする努力でした。中川先生は、我妻先生とともに、戦後の民法改正事業における起草委員となり、「家」制度を廃止し、近代的な小家族を中心とする家族法を樹立した功労者であります。すでに戦前において、「家」制度を批判していた先生の家族法学が、戦後の家族法学において通説的地位を占めたのも故なしとしません。扶養義務を夫婦と未成熟子の間の生活保持義務とそれ以外の親族間の生活扶助義務とに分けた先生の扶養法理論は、現在では社会状況の変化によって批判をうけていますが、戦前においては「家」制度に対する痛烈な批判であり、戦後は小家族を支える理論となりました。

このように、民法学の大きな発展がみられたことには、両先生の資質の偉大さもさることながら、この時期において日本社会がようやく自律的な運動の可能性を見出したこととともに、日本の法律学がようやく体系化を可能とする学問的段階に到達したことを示すものと思われます。

解説法学　しかし昭和も年を重ねるにつれて、法律学の動きは「解釈法学」というよりは「解説法学」に傾いていきます。そのきっかけとなったのが、昭和一三（一九三八）年の「国家総動員法」です。この法律によって、人間を人的資源と見、物資は物的資源と見て、これらを戦時体制のために総動員するという体制がつくられました。

この総動員法は、当時の帝国議会においてさえ、明治憲法からみても違憲であるという議論があったほど、行政権にたいする広範な授権立法でありました。そしてこの総動員法を母体として、つぎつぎに勅令による厖大な戦時立法ができあがります。そうしますと法律学は、その厖大な立法をひたすら説明し、解説するための道具となってしまいます。学者自身も「法解釈学」よりも「解説法学」のほうに追われ、ここにはもう学問という香りは全く消え失せて、法学は、まさに政治に従属する状況に立ち至ったのです。それに反対するものは抑圧され、さきに述べたように学問の自由は極度に制約されていきました。

中国農村慣行調査

そのなかにあって、科学的な法学を探究していこうとする灯が、僅かながらともっていたことに注目していただきたいのです。その一つは、末弘先生を指導者とする「華北農村慣行調査」によって法社会学的な研究が進められたということです。もっとも、この調査の目的は、学問研究だけにおかれていたのではありません。もともとこの調査は、中国における占領政策をスムーズにしていこうという面があったからで、大きな限界をもっていたことは確かです。

しかし末弘先生は、この華北における慣行調査を、学問的なものとすることに努力されました。それは大変むずかしいことで、末弘先生にもいろいろ圧力がかかってきたと聞いています。したがって、この調査自体が一つの抵抗の産物であったと評価してよいと思います。この慣行調査には、さきほど述べたセツルメントで育てられた少壮の学者がたくさん参加しました。

ちなみに、当時の国内においては社会調査はできなくなっていました。うっかり社会調査などをすると、すぐスパイだと疑われたり、妨害されるという状況にあったといいます。たとえば戒能先生は、日本の小作関係の調査をするため農家を回ったところ、その歩いた後を警察官が跟《つ》けて聞取りをし、そのなかから逮捕される人もでたということです。そのため、戒能先生は已《や》むなくこの調査を断念し判例による入会権の研究に転換したのでした。

なお、この華北農村慣行調査の成果は、現在においても内外から非常に高く評価されておりますす。それは末弘先生がこの調査を学問的調査として徹底させようと努力したたまものだと思います。とりわけ敬服するのは、この調査に参加された人たちが、人格高潔で中国の農民の人たちと大変親しくつき合ったということです。仕事が終って調査の人たちが帰国することになったとき、その人たちは泣いて別れを惜しんでくれたというほど、人間的なつき合いであったらしいのです。しかしやっぱりこの調査には占領地の調査としての限界がありました。戦後、調査に参加した人たちは再びその地にいってびっくりしました。それは、調査をした村々の地下には当時大きな地下道が掘りめぐらされていて、中国共産党の八路軍の作戦が行われていたということがわかったからです。当時そこはもちろん日本の占領地であったのですが、これをみると占領に支えられた調査の限界というものがよくわかるように思います。

華北農村慣行調査の限界はたしかに否定できないものがありましたが、この慣行調査によって鍛《きた》えられた学問的な蓄積は決して少なくありませんでした。たとえば、この調査を指導した末弘先生は、この貴重な経験をもとに「社会秩序の力学的構造」という理論を発表されました。その要旨は次のようなものです。

実在の社会秩序は静止不動の形において存在するものではなく、各種の社会力の力学的な関係において成立しているものである。つまり、一方において社会に一定の規律を与えるために働いている政治的な力が、その社会に固有な伝統的な力、ならびにその社会を支配する社会法則、経済法則と接触しながら一定の秩序を形成する。ところが、その秩序は少しも静止しているのではなく、あたかも、低気圧と高気圧とが接触するところに発生する不連続線の渦流のように、安定と動揺をくり返すものである。したがって、社会秩序の研究は、このダイナミックな状況を、ありのまま把握しなければいけない、というのです。

末弘先生の「社会秩序の力学的構造」という基本的視座は、先生が戦後に中央労働委員会の委員長として労使の対立を解決するために奔走され、あるいは、労働三法の制定のために力を注がれるにあたって、その学問的基礎になったのではないか、と私は考えております。

戦時体制下の市民社会研究

華北農村慣行調査に参加された一人である戒能先生（一九〇八―七五）は、戦時中に非常に大きな仕事をされました。たとえば先生は、その労作の一つである『法律社会学の諸問題』という本を昭和一七（一九四二）年に書かれております。日本の学問にとって、もっとも悪い時期にこの本が書かれたことに注目しなければなりません。

戒能先生は、戦時体制のなかで、日本の社会をほんとうの意味における自由な市民社会にするためにはどうしたらいいのか、と懸命に考えていました。戒能先生は、自分で自分を支配するのは「国民」であり、君主に支配されるものが「人民」であると、マイネッケの説によって考えました。当時の戦時体制下の日本国民の状況は、先生にとって到底自立的な存在とは考えられなかったのです。そのような日本国民を、自分で自分を規律する存在――自由である国民――にするためにはいったいどうすべきか。どのようにしてその条件を見いだしていくのか。こういったことが戒能先生のこの時期における法律学の中心的課題であったようです。昭和一八年の『入会の研究』（岩波書店）も、たんに農村の一部に起った現象としてではなくて、農村においてほんとうに近代的な人間、「国民」が生れるためには、その農民の底力がどうあらねばならないのか、そういった次元における問題追求の所産と言えるものでありました。戒能先生が後年、都立大学教授の職を辞して岩手の小繋事件の弁護に専念されたことは、まさにそういった視点をおし進めるためであり、自己の信念に忠実な態度として敬服するものであります。戒能先生は、人間として、学者として、学問と実践とに一貫した生き方をされた人だったと考えます。

川島武宜先生も昭和一七年から一九年にかけて「所有権の観念性」という論文を書きつづけていました。この論文は、かの有名な『所有権法の理論』（岩波書店）の母体となったものです。

さらに昭和一七年には「自由経済における法と倫理」という論文を発表されました。この論文は、「現代の国防経済は奴隷や農奴の労働によってではなくして、各人が自己を国民と意識し、自覚的、自発的に職分を尽くすことによって目的を達し得るのであり、そこでは、自由経済において育成された近代的国民が出発点となっているものと認められる」と述べています。実は、ここにいう「自由経済において育成された近代的国民」という表現は、当時の戦時体制のもとではタブーでありました。なぜかといいますと、自由主義こそまさに敵国の思想でありますから、このようなものが国防経済の基礎にあると主張することは、まさに許すべからざる議論ということになります。

この言葉を書いた川島先生の真意は、次のような批判を含んでいたのです。すなわち、戦時体制の下において国家が国民をまさに盲目的に引きずっている。国民が本心から自発的に、しかも全体のことがよく分って国家の政策に協力しているのでは決してなく、かえって無理やりに戦争に引っ張られている。そういうことがなぜ起るのかといえば、それは日本の近代の歩みが決して市民社会、自由主義的な社会をつくりだしたものではなく、日本の社会のなかに封建的な要素が多分に残っているからにほかならない。国民が批判的な目をもっていないから、盲目的に国家に引きずられるにすぎない。ところが、ほんとうに国家の政策にたいして心から協力できるのは、近代的な国民であるはずである。しかもその基礎には市民社会、自由主義的な資本主義がなければならないのだ。川島先生の主張はこのようなものです。したがってそれは、実は鋭い戦時体制批判にほかなりません。

この「自由経済における法と倫理」は『法律時報』に掲載されました。いま読んだのは本文ではなくて註のなかに書きこまれたものです。しかしこの論文は、やはり当時の内閣情報局の目にとまりました。川島は自由主義者であるとして大いに睨まれましたが、情報局のなかに、先生の理解者がいて、わずかに事なきを得たと言います。

このようなことがあったので、川島先生は戦時中にほぼ出来あがっていた『所有権法の理論』を、そのままの形で発表されることをあきらめたそうです。川島先生はその貴重な草稿を奥さまに筆写してもらい、一部を先生が持ち、他の一部を奥さまが疎開先へ持っていかれました。たとえどちらかが灰燼《かいじん》に帰したとしても、一部は残ります。やがて自由な社会がやってくるだろうから、そのとき出版できるようにしておこうという悲壮な気持で別々に持っておられたということを、私は川島先生からうかがったことがあります。この本は、昭和二四年になって、ようやく出版されました。

このように戦時中の学問の研究には言葉で言いあらわせない厳しさがあったのです。しかしこのようにして、科学としての学問の探究の灯は守り続けられていたのでした。

戦後の自由とか民主化というものは、決して一朝一夕に生れたものでないことが、いまの話一つをとってみても分ると思います。結局は、明治以後における先人たちの営々たる努力のうえに、はじめて私たちの享有する基本的人権の保障が実現されたのです。これを守り育てることこそ、私たちの義務ではないでしょうか。

6　おわりに

私はこれまで、「近代日本の法と法学」というテーマについて、およそ五つの視点から述べてきました。それは八〇年にわたる近代法の流れを区切る五つの時期にもあたるものです。この八〇年の間には、たくさんの法学者が輩出しました。ここでは残念ながらそのなかのごく一部の人たちだけのお話に終りました。しかし、ここでとりあげた人たちの思想や理論をみただけでも、それはその人たちが生き、そして発言してきた時代の背景によって大きく規定されていたことが分ります。五つの時期を特色づけている時代的背景が、当時の法と法学、そして法学者の思想を規定する有力な要因となっているのです。その意味では、法学者もまた時代の子であります。

そのばあいとくに大切なことは、それぞれの時代における法と法学を担ってきた法学者たちのうち、とりわけ、すぐれた法学者といわれる人たちは共通して、国民のためになる法学はいったいどうあるべきなのか、法学者の社会的責任とはいったい何なのかについて、真剣に考えつづけた人たちであったということです。

さらに、日本の近代の法と法学の歴史のなかで見逃せないのは弁護士と司法書士の果した大きな役割であり、また両者の歴史が重なりあって進んできているということです。国民の声を代弁する両者の役割の重要性についてはいうまでもありませんが、とくに両者の歴史のなかで注目されるのは、大正政変の後、いわゆる大正デモクラシー運動のなかで司法代書人法制定の請願運動が激しくなっていくとき、理解ある弁護士たちがそれを懸命に応援し、ついに大正八（一九一九）年の原敬内閣のとき成立させたことです。その後、司法代書人法が司法書士法に改まり、戦後さらに司法書士制度が発展をみたことは、国民の権利のために喜ばしいことと思います。弁護士と司法書士の連帯は今後の大きな課題であると思います。

＊　これは、一九七七年九月一七日に秋田市で行われた、東北ブロック司法書士会統一研究会でお話したものです。当日は、司法書士のほか一般の市民の方々も多数参加しておられました。この話については、利谷「明治前期の法思想と裁判制度」（利谷編『法と裁判』法学文献選集5、一九七二年、学陽書房）、同「戦前の『法社会学』」（岩波『法社会学講座2』一九七二年）、同「伝統社会とその近代化・明治以後」（岩波『法社会学講座9』一九七三年）、同「近代法体系の成立」（岩波講座『日本歴史16・近代3』一九七六年）、小林直樹・水本浩編『現代日本の法思想』（一九七六年、有斐閣）、利谷「明治憲法体制と天皇―大正政変前後を中心として―」（『法学新報』八三巻一〇・一一・一二合併号、一九七七年）などを参照しております。岩手司法書士会の田代亮一会長は、その録音テープをご自身で筆写され、『会報岩手NO・10』（一九八二年）に掲載して下さいました。このお骨折りがなかったら、私の話も形にならなかったでしょう。心からお礼を申し上げる次第です。

2　戦後法社会学の歩み

1　日本の法社会学と日本法社会学会

法社会学の歴史

私に課せられた課題は、戦後日本の法社会学の主たる問題関心の推移について若干の考察をすることであります。日本における自覚的な法社会学の出発点を、一九二〇年代の穂積重遠先生、末弘厳太郎先生を中心とする学問的活動およびセツルメントなどの実践的な活動に求めることができるとしますと、日本の法社会学は約六〇年の歴史を有することになります。この六〇年の歴史におきまして、前半の約三〇年は戦前の天皇制法体制の下にありましたし、後半の約三〇年はその解体・再編成過程にあるということになります。日本法社会学会の設立と活動は後半の三〇年と対応し、戦後の法社会学の展開と密接な関係を持っておりま す。法社会学会の設立自体が戦後的な条件によるとともに、学会の存在自体が戦後の法社会学のあり方に大きな影響を及ぼしたことは言うまでもありません。したがって戦後の法社会学の三〇年を私たちが見るばあいには、どうしても法社会学会の三〇年と併せて検討する必要があります。

日本法社会学会は、川島武宜先生がお話をされましたように（日本法社会学会編『日本の法社会学』）、学問的な結集の場としてできたところに特色があると思います。一九四七年一二月六日に日本法社会学会の創立総会が開かれました。これは日本における全国的な法学会のさきがけと言えるものであります。一九五〇年ごろまでの日本法社会学会の活動の中から法社会学は、第一に「憲法、民法その他の法律学の諸分野と対比される一分科学でなく、公法、私法について社会学的立場から究明することをこころざす法律学全般にわたる課題」であり、第二に、「法解釈学の侍女的目的をもって行なわれるものではなくて、法律生活の実態を直接に研究目的として選択しなければならない」ものであるという共通の了解に達したと言われています。しかし法社会学研究による法律生活の実態把握は、「あくまでも旧憲法型の精神と抗争し、これを克服することによって、本当に民主的な法律生活を日本においてもうち建てる可能的な方法を見いだすこと」につながるべきものとされていることに、注意する必要があります（日本法社会学会『法社会学1』一九五一年、一九三頁）。その意味では、日本の法社会学は「戦後改革」と共にその後半の歩みを始めたということができます。

法社会学会の役割

その後の日本社会の変化は法社会学研究に大きな影響を与えました。巨視的に見れば法社会学研究の動きは政治的、経済的、社会的変化に対して、やや遅れつつ——やや遅れつつというところは残念なところでありますけれども、学問の性質上、仕方がないとも言えると思います――これに対応し、主要な研究対象を移動させ、関心や方法論も発展、分化させてきたと言えると思います。一九六〇年代になりますと、国際法社会学研究委員会を通じまして、外国の法社会学との直接の交流も始まりました。これも、川島先生が研究上の推移ということでお話になったことでありますが、このことから日本の法社会学も外国の現代法社会学から一定の影響を受けることになりました。法社会学会はこの間において、重要な役割を果したと思います。その第一点は、法社会学研究の多様化傾向の下において、その全体を包摂し、異なる問題意識、異なる方法論の交流の場としての機能を果したことであります。第二に、日本の法社会学会の特色および日本の法社会学の特色とも言えますが、各分野の法解釈学者が参加していることによって、新しい法現象の激発に対応しようとする法解釈学の各分野の営為からの問題意識を受けて、新しい法現象に対する総合的研究の場としての役割を果したことであります。第一点の研究の多様化を包摂したという点では、方法論の発展にとって生産的であったと言えます。つまり異なる考え方の間の批判的な交流は、方法的な安逸に陥ることを許さないという点において非常に大きな意味を持ち得たと思います。第二点の法解釈学との密接な関連は日本の法社会学の特質を形成する要因の一つでありますが、それにはメリットもあればデメリットもあります。メリットとしては法社会学会および法社会学が現実の面で解決を迫られている社会的な問題に常に刺激を受けることができました。この点は非常に特筆大書すべきメリットであったと思います。反面、法解釈学の提起する問題に、いわば引きずられる面があったということも否定できなかったと思います。

2　戦後日本の法社会学の軌跡

戦前法社会学から戦後法社会学へ

さて、次に戦後の法社会学の軌跡をたどってみたいと思います。全体として見ますと、日本の法社会学の展開過程は法体制の認識と批判を中心としてきました。川島先生の用語法によれば、「法の政治経済学」ということになります。そのために法社会学の学問としての独自性の確立の面よりも、むしろ激動する社会関係の法的側面の把握に主要な努力が傾けられることになりました。しかしそういう傾向があったとしても、個別的な研究が法体制像の形成に寄与し、また一定の法体制像を前提として個別的な研究が進められるという関係は存在したと言っていいと思います。

まず戦後の法社会学の出発点は、戦前の天皇制法体制の認識と批判に当たった戦前の法社会学の遺産であります。戦前の法社会学は、一九二〇年代における生存権の法的保障の追求を通じて、それを阻害する法体制の存在につきあたり、「講座派理論」の影響下に、天皇制法体制の全体的な構造と特質の解明において一定の成果を挙げていました。したがってそれは戦後改革を展望する力を持っていたということができると思います。この点をやや敷衍いたしますと、かつて磯村哲先生は、末弘法学の課題を、「労働者、農民階級の生存権の確立を媒介とする市民的権利関係の貫徹と国家権力の法的コントロールの問題」と規定されました（磯村哲『社会法学の展開と構造』日本評論社、二九頁）。私もこれに賛成であります。この課題を遂行する過程において、末弘法学は克服すべき対象として法体制につきあたり、つきあたることによって法体制を認識するということになったと思います。末弘先生の法学には体系性がないと言われたそうですが、しかしそれが基本的な体系を持っていたということは、磯村先生のお仕事自体が立証していると思います。

この末弘先生が示された道をさらにつき進んだのが平野義太郎先生であります。平野先生ご自身が言われていることでありますが、末弘先生の教えに従って法に関する社会法則を追究していったときに、「法の生成、発展、転化などが社会の生産関係そのもののうちに根ざし、その変革のうちにある」というマルクシズム法学に到達したのでありました。そしてそれを日本の現実に適用したとき、昭和七（一九三二）年から八年にかけて刊行されました「日本資本主義発達史講座」の中において、日本資本主義の総機構との関係においてその法的外皮を解明することにより、日本の法体制を全体として認識する端緒が開かれることになったのであります（『日本資本主義の機構と法律』一九四八年、明善書房）。

この平野先生の影響の下に、近代市民社会の基本構造の解明を前提として日本の法と社会の特質を理解するという課題を追究したところに、戒能通孝先生、川島武宜先生の法社会学の戦前の成果があったと思われます。したがって戦後の法社会学研究は、戦後改革を展望することのできた戦前の法社会学によって導かれたのであり、そのことが、戦前の法社会学の体制認識をもとにしたあの広範で厖大な戦後の法社会学の研究を可能としたと思われます。

しかし占領下で遂行された戦後改革の過程は、展望された法体制像と現実に形成されようとしていた戦後法体制との相違を明らかにすることになりました。その点で戦前の法社会学および戦後のその継承の仕事は、その問題点を指摘されることになります。一九四〇年代末から一九五〇年代前半における法社会学論争（一九四九年〜）および法解釈論争（一九五三年〜）は、この過程に対応するものであったと言えましょう。非常に素朴な形ながらも、戦後の法体制の形成に対する認識の課題を提起したという点において、法社会学論争は大きな役割を果したと思います。法解釈論争の段階に入りますと、すでに戦後法体制がその姿をあらわにしてきたことによって、法体制の認識と批判を究極の問題としつつも、当面それに対する法解釈学者のあり方が問題の中心となったと思われます。

法社会学の二つの流れ

さて一九五〇年代の後半は、政治学者が「一九五五年体制」と呼ぶものに対応し、戦後改革の結果としての戦後の法体制がほぼその姿を明らかにした時期であると思われます。このことを前提として、法社会学の内部において研究関心に分化が生じて参ります。

第一の流れは、現実の法体制と展望された法体制像との相違を認識しながらも、戦前の天皇制法体制の変革によって市民法的関係が一応樹立されたと考え、そのことを立証する作業を進めると同時に、新しい法体制を構成する個別的な法現象を貫く法則性を認識し、かつその認識に基づく社会統制を実現しようとするものであります。この流れを指導されたのは川島先生であると思いますが、川島先生の一九五〇年代後半以降の理論的展開は、先生が一九四七年に書かれた「社会学における計量的方法の意義とその限界」（『法社会学における法の存在構造』一九五〇年、日本評論社、所収）という論文を参照してみるとよく分ると思います。この論文は、社会現象の全構造的連関の究明と社会の変動発展の過程の具体的様相の精密な把握は、社会学——ここでは社会科学一般と言ってもいいと思いますが——の研究において不可欠な二つの分野であり、この二つの分野は相互に協力し合う関係にある、すなわち社会現象の全構造的連関の究明は社会の変動発展の過程の具体的な様相の精密な把握のうえに立たなければならないし、精密な把握の方法は社会現象の全構造的連関の究明によって導かれなければならないという相互の協同関係にある。しかし変革期にあった当時の日本の状況においては、まさに全構造的連関の解明こそが重要であるということを言っておられたわけであります。

ところが五〇年代後半における展開、たとえば一九五六年の「家族と法」（『イデオロギーとしての家族制度』一九五七年、岩波書店、所収）になりますと、この点の認識が変って参ります。この論文は事実上一九五五年に書かれているわけで、私などは直接、先生から研究会でうかがったことがありますが、そのモチーフは、まず第一に憲法二四条の擁護によって、家族制度の復活、ひいては戦前的な体制の復活を阻止する点にありました。と言いますのは、当時は講和以後のいわゆる「逆コース」によって家族制度復活、憲法改正という形で戦前の法体制の復活を計ろうとする政治的な動きがあり、先生はそれに対して、ファシズムを再現するものとして非常な危機感を持っておられたからであります。第二のモチーフは、家族制度の復活を阻止した後に広々と広がる領域、現代社会が世界的に共通する問題として直面するもの、家族関係におきましては近代的な家族の内部関係の調整の問題でありました。ここには、新しい法体制の形成に対する鋭い認識があり、全構造的連関の解明が必要であるという段階から、一応、全構造的連関を前提にして、社会の変動発展の過程の具体的様相の精密な把握の作業を進めうる段階に達したという考え方があったように思われます。このことは、たとえば一九五六年の「社会科学における人間の地位」において、アメリカ社会学の方法とマルクシズムの方法とを対比しつつ、アメリカ社会学は歴史的条件を捨象した社会現象一般の法則を追究する点に特質があり、それは現状中心の調整を任務とすることにもとづいていることを指摘されている点や、一九六〇年の「社会構造と裁判」において、戦後社会において初めて裁判というものが十分な機能を果しうることを、戦前の法体制と裁判との関係の分析をつうじて解明しておられる点にもみられます。この流れは、一九六六年の『経験法学の研究』(岩波書店)を経過して、一九六八年以降『法学セミナー』に連載された「法律学の現代的課題」に至り、国民をコントロールする裁判官をコントロールするという法律学の重要な民主主義的な課題を追究されることになります。『法社会学講座』(岩波書店)における先生の厖大な作業はその法社会学的な裏づけを意図されたものと思います。

第二の流れは、形成された現実の法体制が戦前の天皇制法体制と質を異にすることは認めるとしても、それは展望された法体制像と相違していることを重視し、この法体制そのものの認識と批判を行おうとするものであります。たとえば一九五五年に書かれた渡辺洋三教授の「法秩序の現実的構造」(『法社会学と法解釈学』一九五九年、岩波書店、所収)や、一九五七年に書かれた長谷川正安教授の『憲法学の方法』(日本評論社)などは、この方向を追究したものではなかったかと思います。一九六〇年の安保条約の改訂は、総ての法現象に規定的な意味をもつ安保体制の存在を自覚させることによって、この問題意識をより鮮明にさせることになったと思われます。一九六二年の『新法学講座』(三一書房)における『安保体制と法』という巻は、その表われでありますす。なお、すでに一九六一年に書かれた長谷川教授の『昭和憲法史』(岩波書店)には、安保体制の法的分析の手掛りとして、長谷川教授が現在に至るまで強調しておられる憲法体系と安保法体系という二つの法体系の矛盾・対抗関係に関する指摘がその姿を現わしているのであります。

以上のような二つの流れは、問題関心の相違から、依拠する方法論の分化にも通ずるという面を持っていました。

現代法の展開

一九六〇年代の後半は、戦後の法体制にとって新たな段階を画するように見えます。すなわち、六〇年の安保条約改訂による国際的な枠組の再編成を起点として国内的な法体制の再編過程が始まります。その下で政策の全般的な組織化、体系化がみられ、部分的には一九六一年の農業基本法におけるように政策が法という形をとるに至ります(利谷「戦後の家族政策と家族法」福島正夫編『家族—政策と法　1総論』一九七五年、東京大学出版会)。それは法が規範的意味よりも政策手段としての意味をつよくもつことを示すものでありますが、このことを基礎として、六〇年代の後半には厖大な国家法の制定、改廃の現象が見られます。それは、単に量的に厖大というだけではなく、国家権力のあり方における質的な変化を示すものではないかと思われます。戦後の法体制に新たな段階を画することになったというのは、そういう意味においてであります。一九六〇年代後半、すなわち昭和四〇年代の国家法の動きは実に激しいものでありました。

このことは、他方において個別的な法現象の研究を促進いたします。これは実定法的な研究あるいは理論的な研究を問いません。法解釈学が大きな変化を示すのも、この時期からではなかったかと思われます。現代の法解釈学は、新しい立法が社会的に妥当な機能を果すように、また新しい法的要求に解釈論的な形を与えるために、それらの社会的基盤を探る必要に迫られます。したがって法解釈学は社会現象に目を向けた「社会学的法律学」たることを要求されています。よく、「法社会学は市民権を獲得した」と言われますけれども、法社会学が市民権を獲得したという意味は、法解釈学が「社会学的法律学」たらざるを得なくなったということにほかならないと私には思われます。現代の法解釈学は、その共通の方向として、一面では条文の忠実な解釈から離れることにおいてやや勇敢になり、他面社会的現実をまず考慮に入れる方向をとっています。その意味では法社会学が提起した問題の少なくとも一部は、法解釈学に取り入れられたということになります。少なくとも、一定の法的な価値判断をするために必要な限りで社会を見るということは一般化しました。その結果、新しい法現象の把握において法解釈学的研究の占める比重は非常に大きくなったと言わざるをえません。皆さんもご承知のとおり、法社会学会が出しております年報の後ろにあります法社会学の文献目録は、「あれが法社会学の文献目録か」という疑問を生ずるほどに、法解釈学的な文献を入れざるを得なくなっています。たとえば来栖三郎先生の『契約法』という見事な著作がありますが、あの『契約法』は先生が長年にわたって足で集められた資料にもとづいて書かれたもの、いわば先生による個人的な法現象の調査によって書かれたものであります。それは一体、法社会学であるかと言うと、それは法社会学そのものではない。先生があそこで解釈論的な展開をされるために、その限りで――と言うと語弊がありますけれども――社会関係を非常に克明に見ようとされたその成果、すなわち「社会学的法律学」にほかなりません。法社会学の成果をできるだけ取り入れて教科書を書かなければならないという、法解釈論争の発端となった二〇年前の先生の主張を先生が実践されたものであります。

このように、法解釈学の側で、「社会学的法律学」への移行が一般化することは、法社会学の側に一定の反応を生み出しました。すなわち、法社会学の側における「固有の法社会学」の確立への要求の出現であります。石村善助教授が一九六六年から七年にかけて書かれた「固有の法社会学の領域について」(『都立大学法学会雑誌』七巻一号、八巻一号)という論文は、そういった法社会学側からの問題提起であったと思われます。すなわち、ある意味では従来の法社会学のレベルは「社会学的法律学」のレベルにあった。ところが今や法解釈学が本格的に「社会学的法律学」になろうとしているために、従来の法社会学では法社会学と称することができなくなろうとしているという段階における法社会学の側からする問題提起であります。

このように、個別的な法現象の研究は、法解釈学の手によってかなり進められてきたということができます。しかし他方において、政策の全体的な組織化、体系化を媒介とする法体制の出現は、個別的な法現象の研究のばあいにも、全法体制を一応見通して、その中における位置づけをすることなしには有効に進めることができないという事態をもたらしたように思われます。ここに現代法の総体的把握への努力が様々な形で、また様々な方向から試みられることになります。

この動きは、一九六六年に渡辺洋三教授を中心として書かれた『現代法と経済』（岩波書店）が、経済現象と法現象の関連を全体として把握しようとしたことに始まります。これに対して、東京の若手研究者の集団であるＮＪ研究会が、一九六七年に「国家独占資本主義法としての現代日本法をいかに把握するか」（『季刊現代法』５、一九七一年、所収）という非常に長い題の論文をもって問題提起をしました。これは、独占資本に癒着した国家がいかなる政策を打ち出すかということを分析し、これを経済政策、労働政策、これらを担保する治安政策という政策体系として把握し、これらの政策を実現し担保する法を総体として分析しようとしたものであります。この問題提起に対して、名古屋の民科法律部会に属する若手研究者グループが、日本の法体制の対米従属性を強調した「現代日本法の国際的条件」（プリント版）という論文を発表し、さらに京都の民科法律部会に属する若手研究者グループが法現象における国民運動の契機を重視する「社会法視座」（前田達男「現代法と国家独占資本主義」『季刊現代法』４、一九七〇年）という問題提起をするに至って、現代法の総体的把握の必要性は広範に承認されるに至ったと思われます。これらはマルクシズムの方法にもとづいたものでありますが、システム分析の方法にもとづく法現象の総体的な把握の試み、ないしは個別的な法現象の研究の総括の試みもまた進行しつつあるように思われます。そのことは、現代法の展開そのものが、総体的な把握を必然としていることを意味しているように思われます。その具体的な成果はまだ十分ではありませんが、こんごの法社会学の研究は、このような動きを抜きにして語り得ないのではないかと思います。

3　今後の法社会学の展望

ところが、私たちが認識の努力を重ねてきた一九六〇年代、とくにその後半以降における戦後の法体制について、まだ私たちが十分な認識と批判を持ちあわせていないうちに、この法体制に大きな変動の兆が見られようとしています。一九七〇年代の後半、この私たちの生きている現代は、そういう時代であり、それだからこそ、私たちにとっての急務は、この六〇年代、とくにその後半以降の法体制を全体として認識することであり、それなしには、この現在激動しようとする法体制の展望を見通し得ないように思われます。それは、経済学者たちが高度成長とは何であったのかの解明を迫られていることと同様であろうと思います。その現実的把握と批判は決して容易ではありませんけれども、今後の法社会学がレゾンデトル（存在意義）を主張するためにそれが不可欠であるとするならば、私たちはその困難な問題に直面しなければならないし、それを遂行することなしに私たちは法社会学を語ることはできないでありましょう。

それはまさに一九四〇年代の後半において、かつての法社会学が直面した問題と同じであるかも知れません。かつての法社会学は戦後改革を展望する力を持ったと私は先ほど申しました。現代の法社会学もまたその力をもつべきであります。もちろん、現代の法現象は複雑多岐にわたり、その解明と批判は困難でありますが、法社会学会は、私たちがこの課題に取り組むのに大きな助けになるということを期待したいと思います。そのばあいに私が改めて強調したいのは、社会的現実の把握からの出発であります。法社会学の生命はここにあるはずであります。たしかに、法社会学は調査に非常に熱心な時期がありました。しかし私たちが自らをふり返ってみるとき、現在、個別的な調査はあるとしても、全体として見るならば、現在真に明らかにされるべき全法体制に関連する法現象に関する法社会学的調査は不振の一語に尽きるのではないか。それはなぜかということを私たちはもう一度考えてみなければならないと思います。現在、先述の意味で最もよく調査を実施しているのはどこかと言いますと、それは私は裁判過程ないし裁判運動との関連においてではないかと思います。J・L・サックス著の『環境の保護』（山川・高橋訳、岩波書店）は、硬直化した民主的な政府過程を動かすために国民が依拠しうる一つの道として裁判過程を重視しております。国民は、強力な国家ないしは大企業と、裁判過程において初めて対等な立場に立ち、国家に対して、あるいは企業に対して資料を要求するとともに、当事者自身が様々な調査を行い、国あるいは企業の政策を批判していくのであります。これは、サックスに指摘されるまでもなく、現在の日本でも行われていることであります。住民運動と結びついた弁護団活動を基礎として展開される裁判運動の中で、初めて本当の調査活動が行われているのではないかという感じが私には致します。先ほど末弘法学は克服すべき対象として天皇制法体制につきあたり、つきあたることによって法体制を認識するに至ったと申しましたが、法体制と直面するときに初めて法体制全体が見えてくるという感じを、裁判運動の当事者たちはもっているのではなかろうかと感じます。

私はここに「今後の法社会学の展望」と題しながら、結局はそれをなしえないのでありますが、その展望の手がかりがもしあるとするならば、真の法社会学的な研究がむしろそういうところで行われていることにあるのではないかと思うのであります。その点に一人の法社会学者として恥ずかしい思いを禁じ得ないということを申し上げておきたいと思います。

＊　これは、一九七八年五月、日本法社会学会が創立三〇周年を記念して行ったシンポジウム「法社会学の三十年」における、「序説」と題した冒頭報告です。このシンポジウムは、川島武宜・磯村哲・沼田稲次郎の三教授による「私と法社会学」の講演とともに、日本法社会学会編『日本の法社会学』（一九七九年、有斐閣）にまとめられました。本文でふれた川島先生の論文については、『川島武宜著作集』（全一〇巻、岩波書店）を、また、戦後日本の法学の歩みについては、本文にあげたもののほか、潮見俊隆編『戦後の法学』（一九六八年、日本評論社）、森島昭夫「終戦後の法社会学」（岩波『法社会学講座2』一九七二年）、長谷川正安『法学論争史』（一九七六年、学陽書房）などをご参照下さい。

II 法律家と国民

陪審法廷（日本弁護士連合会『弁護士百年』90頁）

江木　衷

花井卓蔵

原　嘉道

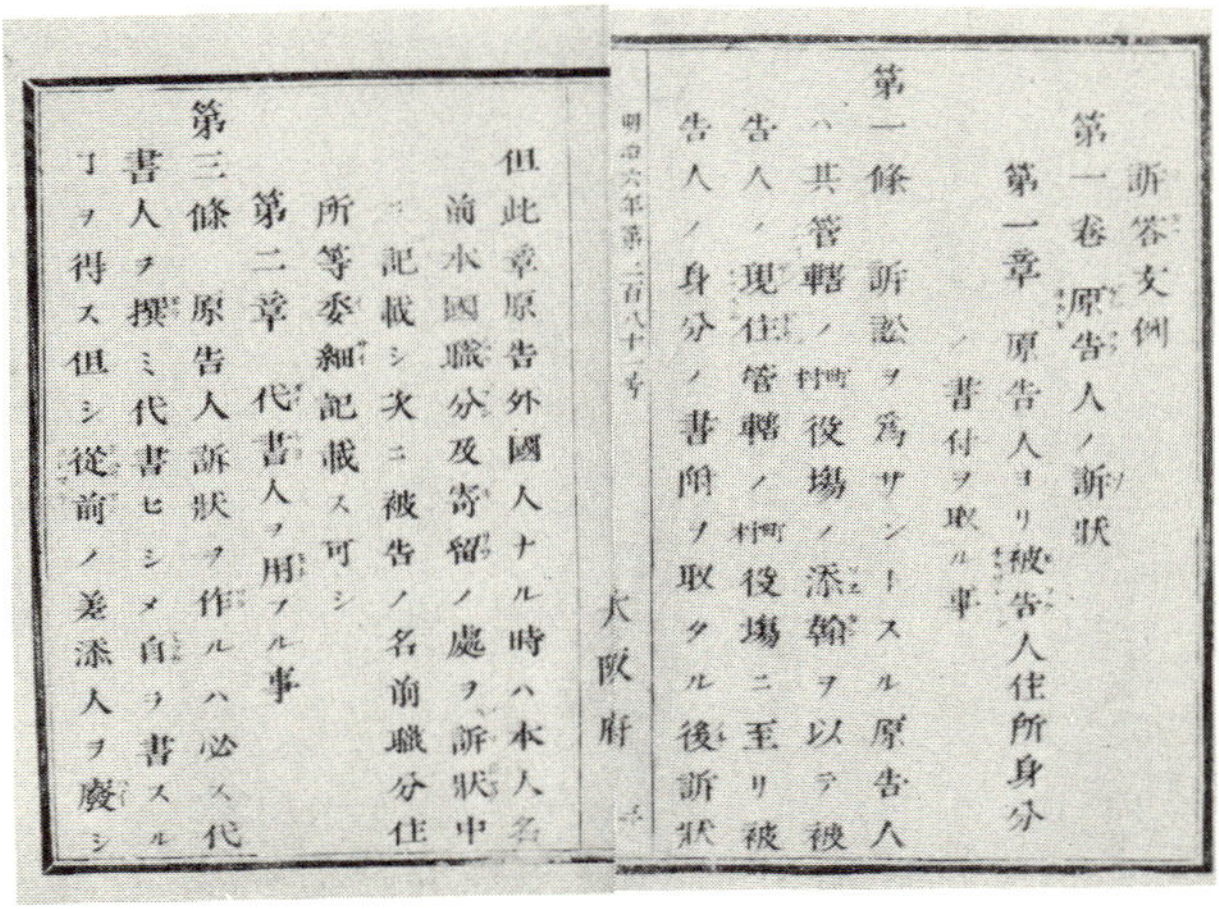

訴答文例

第一巻　原告人ノ訴状

第一章　原告人ヨリ被告人住所身分ノ書付ヲ取ル事

第一條　訴訟ヲ為サントスル原告人ハ其管轄ノ村町役場ノ添翰ヲ以テ被告人ノ現住管轄ノ村町役場ニ至リ被告人ノ身分ノ書附ヲ取タル後訴状

明治六年第二百八十二号

大阪府

但此章原告外國人ナル時ハ本人名前本國職分及寄留ノ處ヲ訴状中ニ記載シ次ニ被告ノ名前職分住所等委細記載ス可シ

第二章　代書人ヲ用フル事

第三條　原告人訴状ヲ作ルハ必ス代書人ヲ撰ミ代書セシメ自ラ書スルヿヲ得ス但シ従前ノ差添人ヲ廢シ

訴答文例

1　日本社会と弁護士
――弁護士自治を中心として――

1　はじめに

弁護士自治をめぐって三つのことをお話したいと思います。

一つは、弁護士自治とよばれているものにつきましていろいろな議論がありますけれども、それを整理してみたいと思います。

もう一つは、戦前、戦後をくらべてみたばあい、戦後の弁護士自治はきわめて充実したものになっていますが、その根底にある、弁護士の性格、すなわち医者とならぶプロフェッション（専門職）としての性格について検討してみたいと思います。

第三番目に、弁護士自治を考えます時に、大学の自治と比較してみることも参考になると思います。

2 戦前の司法制度の特質

江木衷の司法制度批判

これらの論点に入る前に、皆さんの先輩であり、明治の中期から大正にかけて日本の代表的な弁護士であった江木衷《ちゅう》(一八五八—一九二五)について、若干お話することをお許しいただきたいと思います。ご承知のように江木衷は、長州藩閥に属し、かつきわめて有能であったため、将来を嘱目されていた官僚(司法省・外務省など)でありました。しかし彼は、明治二六(一八九三)年の弁護士法の施行後、在野法曹となりました。日本は、後進資本主義国でありますので、司法制度をふくむ各種の近代的な諸制度を作っていくときには、外国の制度を導入したことはご承知のとおりであります。専門職・プロフェッションというものにつきましても同様であります。江木衷の弁護士への転身は、官僚が、専門職となる一つの典型的な例だと思います。その動機は、司法省の役人として当時の日本の司法のもっている問題点を深く感じた点にありました。

彼が弁護士になった明治二六年には、すでに大日本帝国憲法が施行されております。しかし、その憲法下における人権は、官僚からほどこされる「慈悲」にすぎないということから、彼は出発するのです。

まず彼は、きびしい在朝法曹批判を致します。その批判は、司法省の役人であった彼の自己反省でもあったと思います。彼が友達である裁判官にあてたとされる手紙の一節に、次のような文章があります。

「何人と雖苟《いやしく》も人類たる以上は確かに神には無之《これなく》、全知全能を以て判事に強ゆるは固《も》と固《も》と無理なる注文。老兄とても未だ全知全能を以て自ら任ぜらるゝ程の御病態にも有之間敷《これあるまじく》と存候、人民の生命・身体を以て判事の専断に一任したる今日の独断制度に於て一歩を誤らば、人類を地獄道、畜生道に蹴落す、訳合にて人民が其生命身体の保護神と尊崇すべき法官は、鬼《おに》となり、蛇となり、魔《ま》となり『サタン』となり『デビル』となり『モンスター』と相成可申《もうすべく》。日常御苦心の程も察せられ御寝覚の程も如何哉《いかがや》と被察候《さっせられそうろう》。」

これは、きわめて、痛烈なる在朝法曹批判であります。しかし、同時に彼は国民の側のあり方を批判しています。これもまた在野法曹としての彼の自己批判であると思いますが、次のように言っています。

「哀願哀願哀願又哀願、哀願山を成して層々畳《じょう》々森《しん》々然岌《きゅう》々乎たる其処に裁判官が厳然と恩威並び示す。」

右の二つの引用において江木衷の言いたかったことは、司法とは、人権の擁護のための制度であるべきであるにもかかわらず、裁判制度における独断制度（＝自由心証主義）によって、人民は、裁判官の「慈悲」にすがるだけの存在でしかない。また、人民の側も、哀願を重ねる立場に自らをおとしめ、弁護士もまた人民に代って哀願をする存在にすぎなくなっている、ということであります。彼はこれに対して、司法権の独立を強化し、人権を擁護するために、日本における陪審法の制定に全力を傾けました。彼の努力によって、大正一二（一九二三）年に陪審法は成立し、昭和三（一九二八）年から施行されましたが、この法律に内在する欠陥のために、成果を上げることができず昭和一八（一九四三）年に停止されたままになっていることは、皆さんのご承知のとおりであります。

江木衷の批判した戦前の司法制度と現在の司法制度や弁護士の活動をくらべますと、そこには大きな発展があります。しかし、現在でも一歩を誤りますと、直ちに人権の危機を生ずることは明らかでありますから、私たちは戦前のことから大きな教訓をくみ取らなければならないと思います。その点では、江木衷が批判した司法制度や弁護士のあり方がいったいどこからきたかということが問題です。それは、日本の近代化に伴う一つの原罪的なものであるとも言えます。非常に大きな国際的な圧力のもとで、国家的な独立を保つ道は、大きく分けて二つあると言えます。一つは、国家的独立を人民の権利擁護のうえに基礎づけることです。もう一つは、人権の抑圧のうえに国家権力を強化することであります。近代日本が後者の道を辿ったことはご承知のとおりであります。人権の抑圧は、国権を輝かすうえに、手取り早くて都合のいい手段であります。戦前の日本資本主義のあり方を考えますと、まさに、人権の抑圧をしたからこそ、日本の資本主義が急激に成長しえた、とも言えるかも知れません。

日本の法制の特質

私は、東大に留学をしたアフリカのある学生と話した時に、大変考えさせられたことがあります。彼は、われわれは日本の国の法制度を大いに勉強したいと思う、なぜなら非常に役に立つからだ、というのです。私は、ほめられているんだと思い、ちょっといい気持になりましたが、彼がその役に立つ理由を言ったときに大いにショックをうけました。彼は、日本の法律制度には、思想がくっついていない、だから、非常に取り入れやすい、イギリスの法律制度、アメリカの法律制度、フランスの法律制度、そういう国に、われわれの国の多くの学生が行ってそれらを勉強している、しかし、それらの国々の法律制度には、思想が入っている、日本の制度にはそれがない、と言ったのです。それを聞いて私は改めてがくぜんとしました。つまり日本の法律制度を彼らの目から見ました時、それはいわば法技術の精髄にほかならないのであります。

たしかに日本の法律制度は、司法制度一つをとって見ましても、非常に簡明であります。制度としては大変スッキリできている面をもっています。これに対し、われわれの制度の母法である欧米諸国の法律制度あるいは司法制度は非常に複雑であります。それはなぜかといいますと、それらの諸制度がその社会から、長い時間をかけて生み出され、その社会の特質を反映しているからであります。フランス民法をとってみましても、ドイツ民法をとってみましても、非常に規定は詳細です。日本民法がそれを取り入れました時にはそれを非常に簡略化いたしました。憲法を作る時にも伊藤博文は簡略なものを作ることを旨としました。時代の変化に適応して解釈を変えることができるようにするためであります。民法の起草者（穂積陳重）も同じことを言っています。しかし問題は誰のための簡略化かということであります。つまり細密に規定されているということは、ある意味では国民の権利が詳細に規定され、守られるという面をもっている。それに対して、規定が簡単であるならば、国民を規制する国家の側からみて、都合のよい措置をとるためにいろいろと融通の余地があるということを意味します。アフリカの学生の言葉は、人権の擁護の手段としてよりは、支配の技術としての法制度の問題を私にもう一度考えさせるものでありました。私たちは、日本の法律制度にどういう魂を与えるのか、という課題を負っているということであります。それはまさに、戦前の弁護士の諸先輩たちが追求してきたことでもあります。

戦前の代言人そして弁護士たちが掲げた二つの大きな目標は、司法権の独立と人権の擁護でありました。この両者は、人権の擁護のためには司法権の独立をかちとらなくてはならない、司法権の独立がなければ、人権の擁護ができないという関係にありました。そのことは、弁護士の自治・独立についても同様でありました。戦前の弁護士がその自治・独立を追求した時、それは「あるべき法廷」の追求の手段であり、司法権独立のための道程であり、究極的には人権擁護の目的の実現のためでありました。したがって、司法権の独立と弁護士の自治は併行すべきものであり、人権擁護につながるものであったわけです。

このような歩みのうえに戦前の行政に従属した司法の独立がかち取られ、弁護士の自治が築かれてきたのが戦後であります。したがって、いま、弁護士の自治が問題になっているということは、同時に、司法権の独立が問題になっているということです。歴史がまさにこの二つの関連を教えているように思うのであります。

3　弁護士自治

弁護士自治の実質的内容

そこで先ほど申し上げました、第一の問題、すなわち弁護士自治の概念について申し上げたいと思います。弁護士の自治とは何か、ということについて多くの方が議論しておられますが、その内容を狭くとらえるものが多いように思います。たとえば、弁護士自治とは、弁護士会が、弁護士の資格取得・会の運営・弁護士の規律等を、国家をはじめ外からの介入なしに、自主的に行うことである、というものです。

このようなとらえ方は、制度的な弁護士自治を議論するばあいには、当然でもあり、必要でもあると思います。

しかし、右のようにとらえられる弁護士自治は、いわば最小限のものであって、何のためにこのような弁護士自治が認められなければならないか、ということを考えると、守られねばならない弁護士自治活動の範囲は、右に述べたものの外側に、より広く存在すると思われます。そのことは、戦前において弁護士および弁護士会を、弁護士法がどのように規制してきたか、それに対して弁護士会がどのように対抗してきたか、ということを検討しただけでも明らかであります。

たとえば、弁護士法は明治二六（一八九三）年と昭和八（一九三三）年の大きな二つの画期をもっております。明治二六年の弁護士法には弁護士資格の付与と懲戒に関するつよい国の介入が規定されています。この弁護士法を検討してみますと、弁護士の日常的な活動、それが結集してくる弁護士会の活動についても、規制が強く及んでいることがわかります。弁護士は「通常裁判所ニ於テ法律ニ定メタル職務ヲ行フモノ」（第一条）とされています。また弁護士会についてみますと、その議しうることは、「第一　法律命令又ハ弁護士会会則ニ規定シタル事項。第二　司法大臣又ハ裁判所ヨリ諮問シタル事項。第三　司法上若ハ弁護士ノ利害ニ関シ司法大臣又ハ裁判所ニ建議スル事項」（第八条）ときびしく限定されております。さらに、弁護士会の具体的な活動についても国家的な介入ができることになっております。その内容は会長・副会長・常議員選挙の結果、総会・常議員会の開会の日時・場所・議題は弁護士会から検事正へ届け出なければならない（第二七条）ことになっておりまして、検事正は、こういった事柄を常に承知しているということになります。さらに、承知しているだけではありませんで、検事正は、弁護士会の会場に臨席することができます。また、臨席することができなかったばあいには、会議の結果について報告をさせることもできます（第二九条）。また、会議の議決等が法律命令違反、あるいは会則違反であると司法大臣が思えば司法大臣はその議決を無効とし、また議事を停止することができることになっています（第三〇条）。

このようにみてきますと、本来人権擁護のために広くあるべき弁護士会の活動を明治二六年法はきわめて限定しようとしていたことがわかります。以上のことは、昭和八年の改正弁護士法においても、検事正が司法大臣に代っただけで、本質的な変更はありません。このような制約の下で、戦前の弁護士たちが、苦難の人権擁護活動を続けたことは、私どものよく知るところであります。

このような戦前の制度との対比において、戦後の弁護士および弁護士会の活動を検討する必要があると思います。

戦後の弁護士制度

その点に関連して、現在の弁護士法第一条第一項、「弁護士は、基本的人権を擁護し、社会正義を実現することを使命とする」という規定は、戦前と戦後のちがいをはっきりと示す画期的な条文だと考えます。これについては、弁護士だけが基本的人権の擁護者ではない、社会正義の実現者ではない、という声もあります。もちろんそのとおりです。しかし、この条文は、歴史的な意味をもっているのです。戦前における日本の司法のあり方と弁護士の人権擁護の歴史――そこには挫折の歴史も含まれますが――のうえにはじめてこの条文が成り立っているわけです。そのことを抜きにしてこの条文を論ずることは誤っていると考えます。たしかにこの第一条第一項は、格調が高い。高すぎるという印象もあるかもしれません。しかし弁護士の使命の重大さを考えると、この条文は当然のことを言っているにすぎないとも言えます。いずれにしても、基本的人権の擁護、社会正義の実現を弁護士の使命として弁護士法の冒頭に掲げたことは、日本の人権史にとっても画期的なことであろうと思います。

つぎに第二項。「弁護士は、前項の使命に基き、誠実にその職務を行い、社会秩序の維持及び法律制度の改善に努力しなければならない」という規定です。この規定は、先ほど申しました、戦前の弁護士のおかれていた状況と照らし合わせ、さらに弁護士自治の現代的な課題のもとでとらえ直さなければならないと思います。そう致しますと、この条文からはきわめて豊かな内容が出てくると思われます。

ご承知のように、この一項と二項との関係につきましては、いろいろな議論があります。しかし、先ほど申しましたように、戦前において弁護士の個人としての活動なり弁護士会としての活動が、きびしい制約のもとにあり、弁護士の活動を常に検事正ないしは司法大臣が把握し、その活動に対していつでも規制できることになっていたというところから出発しませんと、この弁護士法第一条第二項の理解が十分にはならないと思います。私は次のように考えます。ここに言う社会秩序の維持および法律制度の改善という弁護士の努力目標は、まさに、基本的人権の擁護、社会正義の実現という弁護士の使命の遂行の結果として実現されるものであります。このように、社会秩序の維持、法律制度の改善は、基本的人権の擁護活動のうえに築かれるものであるということから言えば、社会秩序の維持のために、弁護士の人権擁護活動は大いに促進されなければならないことになります。ここでは、憲法論の一部でなされる、公共の福祉によって基本的人権を制約するという理論と対応する論理は成立しえません。もともと、基本的人権と公共の福祉との関係は、公共の福祉は、基本的人権の総和として、理解されるべきものであります。

いままで述べたことを総括するとこうなります。弁護士は基本的人権を擁護するという使命の遂行を通じて社会秩序の維持に貢献するが、その使命を実現するためには、法律制度の改善に努力しなければならない、ということであります。このようにして、弁護士および弁護士会は、広範な活動を要求されていると言わなければなりません。戦前の弁護士に加えられた制約により、いわば司法制度の補助機関として、先ほどの江木衷の言葉でいえば「厳然と恩威並び示す裁判官に対して哀願する存在」である弁護士であっては基本的人権の擁護はできません。だからこそ弁護士法第一条第一項が弁護士の使命をかかげ、第二項がその使命にもとづく努力目標と手段を示したと考えるものであります。

弁護士の役割

そういう点から戦後の司法制度改革の役割を改めて考え直してみなければなりません。いま申しました弁護士の非常に広い役割も、戦後の司法制度の要求するところであると思います。戦後の司法制度改革によって、司法権の独立は、強化され、司法権自体も違憲立法審査権という非常に強固な手段をも持つことになりました。戦前の司法裁判所は、きわめて限られた権限しかもっていませんでしたが、戦後の裁判所はあらゆる法律問題にタッチできる権限をもち、それを守る制度的保障も与えられたわけです。しかしそれはまさに人権擁護のために、であります。これに対応して、弁護士の広範な活動も要求されるのであります。人権を擁護する司法を実現するために、弁護士の職責は重要性をますます増大させたと言わなければなりません。

ところで、現代的な人権擁護の課題は、もっと大きな広がりをもってきております。とくに、長期にわたる保守政権の永続という日本の戦後の特殊性において、行政権のもっている力がきわめてつよくなっておりますが、その行政権のあり方を、国民の具体的な生活レベルで、もう一度検討してみるという役割を、司法がもつということになっております。しかしそれは決して容易なことではありません。たとえば、戦後の行政の一つの特色は、ご承知のように計画行政にあります。計画は、ひとつの新しい法規範型式であります。この新しい法規範が私たちの権利義務を規制するわけですが、これは司法審査にきわめて親しみにくい性格をもっています。現在の最高裁は、計画段階において争うことを認めておりませんが、しかし計画が具体的に私たちの権利義務関係に影響を及ぼした時に争えるとしても、それはすでに手おくれであります。このようにみてきますと、司法は、国民の権利を擁護するためにもっと前進しなければなりません。法律学もまた、国民の権利を守るために、新しい発展をとげる義務をもっております。そして、国民の生活と密着しているところで、その侵害された利益を法的な形で表現し、それを司法のレベルで擁護していくという役割を果す最前線にあるのが、まさしく弁護士の役割であると言わなければなりません。そう考えますと、弁護士の活動は前にもまして広くならざるをえません。

通常、弁護士論では、弁護士の役割として、第一に弁護活動ないし代弁、第二に交渉、第三に書類の作成、第四に助言があげられています（六本佳平「弁護士と法」潮見俊隆編『社会学講座　9法社会学』一九七四年、東京大学出版会）。これらは、依頼者との個人関係における活動に限られておりますが、これでさえも、弁護士の活動を法廷活動を中心として理解してきた旧来の説明よりは広くなっています。しかしこれでも不十分であります。依頼人との関係にしましても、その個人に対する関係から依頼人の総体としての国民との関係へと発展させる必要があり、そこから法律制度の改善へとつながります。それは、司法制度のみならず、一般的な法律制度にも及ぶと言わなければならないと思います。このように依頼者の総体としての国民が問題になるように、弁護士も、弁護士個人の活動のみならず総体としての弁護士の活動、いわば階層としての弁護士の活動が重要になってまいります。

4　弁護士の専門職性

さて、このような弁護士の活動の基礎にある弁護士の性格について改めて検討する必要があります。従来の弁護士論は、弁護士の専門職・プロフェッションとしての性格を次の三点において指摘しております（石村善助『現代のプロフェッション』一九六九年、至誠堂）。

第一に弁護士活動は、学識にうらづけられた機能であります。弁護士はまさに専門家、いわば応用科学の専門家であります。その学識は非常に高度な学識であり、だからこそ、非常にきびしい修練をもって獲得されなければならないものであります。

第二に弁護士とは、市民の具体的要求に応えなくてはならない、ということであります。学者なら一般論でいい。しかし弁護士は一般論では許されず、市民の具体的な要求に応えなければならない。だからこそ、先ほど、弁護士は応用科学の専門家であると申したのであります。もっとも、市民の具体的要求に応えると申しましても、それは社会全体のためにつくすことに通じることが必要とされています。弁護士は公益のための存在であります。私益の擁護を通じて公益につくすわけです。弁護士法第一条は、この点から基礎づけることができます。

第三に、弁護士は団体的な存在としての側面をもっております。弁護士は、専門職としての集団をなすことによって、社会的ないし国家的承認を得ると同時に、それに値する存在価値を立証するのであります。

自己規律の必要性

さて、専門職としての弁護士は、右の第一点、第二点から、市民のプライバシーにかかわる特権を与えられます。いわば依頼者を法律的に裸にすることができるわけです。それは、その職責を果す必要からではありますが、普通の人には許されない大きな特権であります。その特権は、ばあいによっては、依頼者を身ぐるみはぐ手段にもなりえます。だからこそ、逆に今度は特権をもつ側に自己規律が必要になってまいります。特権を正当化するのは自己規律以外にはありません。そしてその自己規律は非常にきびしいものでなければなりません。だからこそそれは弁護士個人が自分で規律するものであると同時に、階層としての弁護士のいわば連帯責任でもあります。連帯責任でありますから、弁護士はお互いに、つねに切磋琢磨しなければならないことになります。またそれは、無過失責任にまで高められる必要さえ指摘されています。かくして階層的存在としての弁護士は、自己規律のための準則をもち、それを実現するための制裁機構をもつことが必要になってきます。この自己規律を世間に対して表示したものが弁護士倫理であります。それは、弁護士の自己規律のため、自己の行為を規制する基準であると同時に、外部に対して自己のイメージを示すものであります。したがって看板に偽りがあってはなりません。偽りがあったばあいには、制裁が必要になります。弁護士会による綱紀・懲戒がここに登場いたします。弁護士の専門職としての性格の第三点は、この点にかかわっているわけです。

こうしてみますと、弁護士の特権と自己規律とは対応するものであります。そして弁護士の職責は、これをもって果されるわけであります。弁護士自治は、このような専門職性から基礎づけることができます。

5　弁護士自治と大学の自治

これまで述べてきました弁護士の自治を、大学の自治と対比してみたいと思います。

大学の自治は、大学の使命を十分に果すための手段であり、学問の自由を具体的に担うものでありますが、究極的には学問を通じて、社会に奉仕するために認められていると言ってよいでしょう。大学の使命につきましては、永井道雄さんが三つのことを指摘しています（『日本の大学』

一九六五年、中公新書)。

第一は真理の探究であり、第二は専門的職業教育であり、第三は人間を形成する教養の場であります。この三つはそれぞれ大学の研究性、実際性、思想性に対応するものであります。そして彼は、大学は真理を探究するがゆえに、「危険な制度」であり、「危険な制度」であることをやめるとき大学はその本質を失うというレッドフィールドの言葉を引用しています。「危険な制度」であるというのは、大学の使命がばあいによっては、時の政権の利益と相反するかもしれないからでありますが、大学がその使命を果すことこそが、国民ひいては人類のひろい未来を切りひらくのに究極的には役に立つのでありますから、大学はその使命を放棄することができません。だからまた、ばあいによっては大学に対して、時の政権が圧迫を加えることもありえたのであります。しかし、大学の自治はそれゆえにこそ必要とされました。

ちょうどこれと同じように、弁護士の使命が人権の擁護と、社会正義の実現にあるとしますと、これもまた、時の政権にとって危険な存在である可能性があります。元来、人権を擁護する司法の役割は、行政のスムーズな実行に対しては障害になるばあいもあるかもしれません。行政は、少なくとも形式的には多数の支配を基礎にして行われるものでありますが、司法が人権を擁護するばあい、それが表面的には少数者の利益のようにみえても、潜在的には多数者の人権につながることを見逃してはなりません。たとえば、経済的な発展と、公害の防止とはある局面においては、矛盾する。したがって、低成長下の現在では、公害防止なんて言ってはいられない、という声が再び出てきております。

しかし、公害の防止、たとえば排気ガス規制を日本が非常に厳しくしたおかげで、日本の自動車工業は、世界に冠たる排気ガス規制の基準を達成することができました。それによってまた、国際的な競争力を強化することができました。その意味では、厳しい規制こそが結局は科学、技術を発達させ、国民の健康の維持を図るとともに、経済的な利益を生み出すうえに大きな役割を果した、ともいえるわけです。そして公害規制に及ぼした司法の役割の大きさについては、改めてここに述べる必要もありません。そういう意味で、司法は基本的人権の擁護を通じて、実は多数者の未来を切りひらいていくという意味をもっています。そして、司法をして真の司法たらしめるうえに弁護士の果す役割はきわめて大きいと言わなければなりません。さらに弁護士がその役割を十分に果しうるためには、弁護士自治が重要不可欠な制度であるということになります。そのことから、弁護士自治もまた、大学の自治と同じように、ばあいによっては圧迫されるということになるかもしれません。しかしそういった圧迫をはねのけて弁護士自治をつらぬいていくことこそが、人類の将来の進歩につながるという信念に立つ必要があると思われます。

司法と弁護士の役割

6　現代的弁護士自治と弁護士会

しかし、そのばあいには、弁護士自治というものが、人権の擁護ひいては人類の未来の発展につながるという保証を示す必要があると思います。そうでなければ、その特権を享受することはできないわけでありまして、その点は、大学の自治の保障のうえに大学の中でねむってしまうことが許されないのと同様であります。したがって弁護士自治のばあいにも、個々の弁護士がその職責を達成し、さらに総体としての弁護士、つまり弁護士会がその職責を達成する点において、自己規律を実現することが不可欠の前提になることは、前に述べたとおりであります。

さらに、もう一つだけ申し上げておかなければなりませんのは、現代的な弁護士自治のあり方についてであります。

前に申しました弁護士の専門職性は、一つの理想型（イデアルティプス）であります。学識に裏づけられた弁護士の機能が市民の具体的な要求に応じ、弁護士の総体としての弁護士会がその機能を保障するということは、一定の弁護士のあり方と一定の社会関係を前提しています。つまり、弁護士というものが等質であり、弁護士が機能する社会関係、市民社会も等質であるということです。

ところが現実の私たちの社会は階層的・階級的に分化しており、それに対応して、弁護士もまた分化するわけです（古賀正義「弁護士職域の現状と展望」『法律時報』五三巻二号）。たとえばアメリカにおきましては、弁護士における階層の分化には、非常に顕著なものがあると言われています。社会階層に貧富の差がはなはだしくなっているのに対応して弁護士もまた非常に巨大な共同事務所から零細な個人的な弁護士事務所、ばあいによっては、事務所すら、十分に有しえないような弁護士に至るまで、弁護士の階層秩序が存在しているわけであります。その際、弁護士自身が利益主体となること、いわば弁護士の当事者化という現象が生じます。アメリカの弁護士倫理の中には、弁護士の当事者化を抑制し、弁護士自身が企業経営の中枢機関に就任することを戒めるような条項もあります。このように弁護士が当事者化していきますと、先ほど申しました弁護士の公益的な存在、公益の追求者ということとは反します。そして、弁護士が一般の市民の要求に応えるという職責から離れ、一般の市民は、弁護士のサービスから疎外される、ということになってまいります。これに対して一般市民の側からは、市民の要求に応えよ、本来、弁護士は、公益的な存在ではないか、という批判がでてまいります。日本の弁護士の階層分化は、アメリカほど進んではいないと思いますが、同じ問題はすでに生じてきていると言わなければなりません。

弁護士自治の新段階

このような市民の批判を代弁するということで国家が登場し、ここに弁護士自治への新しい介入の可能性が生じます。弁護士の自治への制約は、行政権による政策追行を国民生活のレベルで再検討するという司法の役割の抑制の面からだけではなく、弁護士のサービスから疎外される市民の代弁者としての国家が、弁護士自治に対して反省を要求するという面からも提起されてくるわけです。弁護士会は、これに応える必要があります。弁護士の階層的な分化が進行し、一般市民へのサービスに問題が生じれば生じるほど、弁護士会の役割は大きくなっていきます。弁護士会は、自己規律のみならず、もっと積極的な役割、国民のための司法を実現すべき法律制度の改善（少額裁判所の実現、法律扶助制度の充実、法律相談活動の広範化等々）を実現する役割を果さなければなりません。そのことが、分化しつつも、あくまでも一つの階層としての弁護士の結集体としての弁護士会の存在意義となります。したがって、もう一度弁護士会が果さなければならない大きな役割と新しい弁護士自治の発展の必要性を強調しておきたいと思います。

＊　これは、一九八一年二月一四日に行われた千葉県弁護士会総合研修会において、「『弁護士自治』について」と題してお話したものです。当時は、弁護士不在の法廷を認めようとするいわゆる「弁護人抜き裁判法案」が廃棄された代りに、弁護活動と弁護士自治のあり方が改めて問い直された時期でした。私の話は、本文にあげたもののほか、古賀正義「日本弁護士史の基本的諸問題」（『講座現代の弁護士3』一九七〇年、日本評論社）、上野登子「弁護士自治の歴史」（第二東京弁護士会編『弁護士自治の研究』一九七六年、日本評論社）、利谷「司法をめぐる諸問題と弁護士・弁護士会の役割」（東京弁護士会『会報』司法問題特集号、一九七七年）、森長永三郎「戦前の弁護士自治獲得運動」（『法律時報』五一巻三号、一九七九年）、東京弁護士会編『東京弁護士会百年史』（一九八〇年）、日本弁護士連合会『国民のための弁護士自治―その危機と課題―問題提起と報告』（一九八〇年）、『弁護活動のあり方と弁護士自治』（自由法曹団『団報』九九号、一九八〇年）、日本弁護士連合会編『日弁連三十年』（一九八一年）などを参照しています。この話は、はじめ千葉弁護士会「弁護士自治―講演会記録」（プリント版）に、後に『現代の弁護士〔司法編〕』（総合特集シリーズ21、一九八二年、日本評論社）に掲載されました。

2　市民生活と司法書士
——綱紀問題を中心として——

1　司法書士の社会的役割

司法書士の業務は、不動産の登記や戸籍・相続などの問題を通して、市民生活ときわめて密接に結びついております。その業務を適正に運営することは、司法書士の社会的責任と言わなければなりません。司法書士会が、司法書士によって作られた公的団体として、その綱紀問題にどのようにかかわるべきか。これを検討することが本日の課題であります。

さて、司法書士の数は、一九八三年四月一日現在たしか一万四八六二名という厖大な数にのぼっております。司法書士は全国的に配置され、弁護士のいないところはあっても、司法書士のいないところはありません。したがって現代日本社会において、司法書士は非常に大きな役割を果しています。その綱紀問題は、司法書士というプロフェッション（専門職）の存在価値にかかわる問題だということをまず申し上げておきたいと思います。

この問題を考えるために、私はまず秘書に過去一年間の私の新聞切抜きの中に、司法書士に関する記事がないかどうか探してもらいました。一九八三年五月五日の『朝日新聞』に静岡の事件がありました。これには、「サラ金の強引商法　司法書士が手助け」という大きな見出しがついています。また八月二四日の『読売新聞』の夕刊には、「私設銀行の夫婦　司法書士の肩書で信用」という北九州市の事件が出ています。このどちらを見ても、司法書士に対する大きな社会的信頼が前提になっています。その信頼が裏切られたところに、これらの記事が成立しているのです。この社会的信頼を維持できるかどうかは、司法書士というプロフェッションの将来を左右するでしょう。司法書士にとって、綱紀問題は致命的な問題であります。

2　司法書士と市民

司法書士の綱紀問題は、市民と司法書士との関係、言いかえれば市民にとって司法書士とは何かという問題と切り離すことはできません。

ご承知のとおり、司法書士制度は、明治五（一八七二）年の「司法職務定制」において、証書人（公証人）、代言人（弁護士）とならぶ代書人として規定されました。自分の主張を形にあらわすことのできない人々のために、その手となるという重要な役割を果すのが代書人でした。代書人の活動は、弁護士にくらべて地味ですが、江藤价泰都立大学教授が言われるように、「伏流水のごとく」社会のすみずみまで、くまなく広がって行ったのです。そして大正デモクラシーの下で、大正八（一九一九）年の司法代書人法の制定によって、その法的地位を確立したのでした。

しかしそのことは、司法書士の自治権を保障するものではなく、司法書士は地方裁判所長の全面的な監督の下におかれていたこと、そのことは昭和一〇（一九三五）年の司法書士法においても同様であったことはご承知の通りです。司法書士の仕事は主体的なものではなく、機械的なものにすぎないという考え方がその基礎にあります。その仕事内容の適格性については国が保障するのであり、したがって司法書士の監督は国が責任をもってこれにあたるということになります。戦前においては、基本的人権の保障が十分でなく、市民の権利自体が国家の厳しい制約の下にありましたから、このような考え方が支配していたことも当然と言えましょう。

戦後改革はこの考え方を一変しました。日本国憲法は、国家のために国民があるのでなく、国民のために国家があることを明らかにしました。市民の権利を守るプロフェッションとしての弁護士や司法書士の役割は、きわめて大きくなったと言わなければなりません。そのために昭和二四（一九四九）年の弁護士法は、弁護士に自治権を認め、その自己規律のために弁護士会に懲戒権を与えたのです。司法書士法も昭和二五年に全面改正されましたが、司法書士に自治権が認められることなく今日に至っています。

しかし、戦後の日本社会の急激な発展の中で、市民と司法書士との関係は以前にもまして密接となり、市民の司法書士に対する要求度も高まってきました。

不動産取引は戦後、とくに最近十数年間非常に頻繁になり、戦前ならば不動産をもたなかった人がマイホームを持つようになりました。しかし、その人たちが持つであろう土地に加えられている規制は非常にたくさんあり、権利関係も複雑に入りくんでいます。その人たちの権利を守り、安全に取得させるためにはどうしても手助けが必要です。また、市民が紛争に巻き込まれる機会も非常に多くなり、そのための予防措置も必要になってきました。さらに、法制度自体も大きく変わってきました。たとえば、昭和四六年の民法改正による根抵当制度の確立は、従来の登記の構造に大きな変化をもたらしましたし、仮登記担保に関する法律が昭和五三年にできると、仮登記担保設定について司法書士に対する要求度も非常に高く、複雑になってきました。

これらの要求に、司法書士はまさに応《こた》えてきました。しかし、昭和二五年の司法書士法が前提にしていた司法書士の仕事から見ますと、いま要求されている司法書士の活動範囲は、これを上まわるものになっていると言わなければなりません。

このことは、業務形態についてもあてはまります。いま司法書士には、登記所離れ、つまり登記所の窓口よりも、依頼者との密着度が高くなり、さまざまな顧問契約によって依頼者との間に恒常的な関係ができるという傾向があるようです。このこと自体もすでに、従来の司法書士の活動範囲を越える可能性を含んでいると思います。

また、以上のことから、司法書士の仕事の内容自体が、登記事務にしても、裁判関係の仕事にしても、高度の法的な判断を必要とせざるを得なくなってきました。もはや司法書士の仕事は、従来考えられていたような定型的な業務だけではすまなくなってきたのです。この点に関する社会的な認識はまだまだ低いわけで、司法書士会は、一般市民にこの点の理解を求める努力をする必要があります。

ところで、司法書士の活動範囲が広まってきますと、他のプロフェッションとの競合の問題が出てきます。たとえば土地家屋調査士や弁護士との関係です。これは相当深刻な問題だと思いますが、競合のなかから、どうやってお互いの分業関係をつくり出していくかが将来の課題となるでしょう。

この問題を一身で解決するために、司法書士のなかには、たとえば土地家屋調査士と兼業している方もある。そのほうが、東京のように他の業種の方が手近にすぐ見つかるところだったら別ですが、少なくとも地方においては市民の要求に応えることにもなります。あるいは他のプロフェッションの人と連携プレーをすることによって、依頼者の要求に迅速に応えることができます。このようにして、だんだんと競合関係のなかから分業関係を生み出すことができるでしょう。もっとも、兼業や連携プレーについては、まだ多くの法的な制限が横たわっております。それは、まだ分業関係が社会的に確固たるものになっていないということを示しています。ここにも個々の司法書士の努力というよりも、プロフェッションの団体としての司法書士会の課題があるように思われます。

3　戦後の司法書士制度の歩み

このように見てくると、現在の司法書士に対する市民の要求に対応できる体制が司法書士側に必要であると言わなければなりません。それはまた、司法書士制度の問題でもあります。その意味から、戦後の司法書士制度の歩みを振り返ってみたいと思います。

昭和二五年法

昭和二五年法では、まず第一に司法書士の認可と懲戒が、法務局長、あるいは地方法務局長の手に握られました。これは戦前において、司法書士の認可権と一般的監督権が裁判所に属していたのが、戦後行政系統に移されたという変化を反映するものです。しかし戦前の場合、司法書士は地方裁判所長の全面的な監督権のもとにありましたが、二五年法の場合には、認可と懲戒の権限が法務局長、地方法務局長のもとにあるとはいっても、一般的監督権はなくなりました。これはひとつの進歩だったと思います。

第二に、不認可に対する不服の申立や懲戒処分について、公開の聴聞制度ができたということも大きな進歩だったと思います。

第三に、司法書士会、同連合会の設立が認められました。

第四に会内自治が承認されました。これは第一点とからむわけで、法務局長、あるいは地方法務局長は会則の変更はなし得ないということになりました。これは自治への大きな一歩であり、さすがは昭和二五年にできた法律だ、ということを感じます。しかし、この段階ではまだ綱紀委員会はありません。

昭和三一年改正　昭和三一年の改正によって、司法書士法はまた一段と進んだものになりました。第一に、選考認可制度が採用され、試験をうけることによって司法書士になる道が開かれました。

第二に、試験によらず司法書士の資格を与えるいわゆる特認の経験年数が三年から五年になりました。試験合格者とのバランスを考えたものでしょう。

第三に、司法書士会、同連合会が強制設立になりました。

第四に、司法書士会は実質的に強制加入になり、会則をもって綱紀委員会が設置されました。ここに司法書士会が、自主的統制によって業務の公正な運営をはかるという方向が打ち出されたと思います。

この昭和三一年という年は、高度経済成長の開始や、いわゆる一九五五年体制の成立とほぼ見合っております。司法書士法は、この新しい段階に対応するものとして改正されたと言えましょう。

昭和四二年改正　その次の昭和四二年改正によって、まず第一に司法書士会、同連合会が法人化しました。プロフェッション団体の法人化の問題は、弁護士会が大正一一年にこれを打ち出し、戦後ようやく実現したものです。法人化は、プロフェッション団体としての確立の一つの指標だと思います。

第二に、司法書士に認められた業務内容が、書類の作成だけではなくて、書類の作成プラス手続の代行にまで拡大されました。

第三に、綱紀委員会の制度がほぼ現在と同様な形をとることになりました。

昭和五三年改正

その後、昭和四八年に裁判書類に基本料金を認めるとか、あるいは昭和五〇年に登記相談業務が承認されるとか、あるいは昭和五二年に一般的に、つまり裁判業務も含めて相談業務が承認されるという報酬制度の改革を通じて、司法書士の業務内容の拡大が承認される過程が進みました。その延長上に、司法書士法の昭和五三年改正が実現されることになりました。

第一に、国家試験の制度が実現するとともに、一種の開業許可制度であった従来の認可制度から、試験による資格にもとづく登録制度へと移行しました。司法書士の資格自体と、現実に司法書士になることとを区別することは、司法書士の身分の確立・安定という点では基本的な前進であったと思うのです。司法書士がプロフェッションとして確立するための基本的な要素がここで一応満たされて、司法書士の自立、自治の基盤ができたと思います。

第二に、法の目的および司法書士の職責規定が設けられました。法第一条は、司法書士法の目的を、「司法書士の制度を定め、その業務の適正を図ることにより、登記、供託及び訴訟等に関する手続の円滑な実施に資し、もって国民の権利の保全に寄与すること」と規定しました。また法第一条の二は、司法書士の職責として、「常に品位を保持し、業務に関する法令及び実務に精通して、公正かつ誠実にその業務を行わなければならない」（傍点筆者）と定めたのです。これと関連して、司法書士会は、所属司法書士が司法書士法等に違反するおそれがあると認めるときは、会則にもとづいて注意・勧告をすることができることとなりました（法一六条の二）。江藤教授が、これによって代書性が払拭されたといっておられるように、これらはまさに、司法書士の活動の範囲の拡大を認め、その高い倫理性を要求したものであります。

これに関連する国会答弁を見ましても、やや歯切れの悪い表現ではありますが、司法書士の業務において、一定の法律判断の余地を認める、ということを言明しております。したがって、目的規定が国民の権利の保全のために存在するものとしての主体的な司法書士を認め、次に、職責規定がその目的を達するために司法書士はいかにあるべきかを定めたものと見ることができます。このような役割の社会的承認は、先ほどの身分の確立・安定と並ぶプロフェッションの重要な要素であります。

このように、司法書士の主体性と倫理がこの目的・職責規定のなかにうたわれたということは、近代的な国家、市民社会の要求する法律家としての司法書士の確立を意味すると言えましょう。市民が複雑な社会関係のなかで非常に困難な立場に陥っているときに、自主独立の立場において、その利益を守る者がプロフェッションとしての法律家であるとしますと、司法書士もまたこのような意味における法律家であることが明らかにされたのです。

第三に、司法書士の業務内容の明確化が一応ここでなされております。しかし、先ほど申しました競合と分業との関係がまだ十分にここでは調整されていない。業務範囲を越える行為についての現在の裁判所の扱いは、たとえば直ちに弁護士法第七二条(非弁護士の行為の取締り)の違反の問題としてしまうようですが、この問題についてはさらに検討する必要があります。

4 司法書士制度改革の過渡的性格

自治権の性格

昭和五三年の改正は画期的なものではありましたが、プロフェッションとしての司法書士の確立という点から見ますと、まだ不十分な点を残しております。

自治権の要件として、まず第一に、登録事務の問題を見てみましょう。これに関する国会答弁を見ますと、法務省は、登録事務を司法書士会が持つことについて基本的には反対であるという感じがいたします。政府委員は、「この事務はなかなか費用、手数を要する大変な仕事だと思うのであります。そういう仕事を国からの一銭の補助もなしに(司法書士会)連合会が下請的にやるということは、むしろものの考え方として逆じゃないか」と述べています。そこには、登録事務は本質的に国の事務であり、もしも司法書士会連合会がこれをやると下請けとなるという基本的な考え方があります。したがって、もしもこの登録事務を司法書士会連合会がやることになれば、税理士会のように、国がその事務について干渉せざるをえなくなるというのです。(注、しかし昭和六〇年法律第八六号司法書士法一部改正法は、ついに司法書士の登録を日本司法書士会連合会が行うものとしました。これは、司法書士の自治をさらに発展させるでしょう。）

第二に自主的懲戒権の問題があります。すでに昭和四二年の法務委員会の付帯決議で、司法書士会が自主措置をなし得るように育成、指導する、ということがうたわれていましたから、この五三年の改正のばあいにもこのことが国会で問題になりました。

これについては、政府委員から次のようにいわれています。「弁護士会がその例でございますが、人情の常からいたしまして、仲間が仲間を裁くというふうなことは、これはなかなかできるものではないわけでございます」。これはもっともな発言です。政府委員は、これに続けて「しかし、国民に対しましては、国民に迷惑をかけた司法書士の資格をそのまま認めておくというわけにはまいらない。したがって本来の懲戒処分権というものは、私はやはり国が持っておって、国民に対して責任を全うすべきものだろうというふうに思うわけでございます。しかし、その前の段階におきまして単に司法書士会なり、司法書士会連合会が会員の指導育成という意味から、懲戒処分権という形ではなしに、その一歩手前の段階における、いろいろ会員の指導を強化する、あるいはいろいろな制限を加えるという、そういった自主的な、一つの自粛と申しますか、さようなことは十分連合会、あるいは単位司法書士会でできるような体制にはもっていくべきだろうというふうに考えておるわけでございます」と述べています。ここから後に述べる注意勧告権の問題が出てきます。

ところで、右の発言を見ますと、同僚は裁きにくいから、代ってやってあげましょうというのですが、しかしそれは、ただ単に代ってやってあげましょう、ではなくて、本来懲戒権は国にあるのだ、国が国民に責任を負っているのだという論理が貫徹しています。ではなぜ連合会、あるいは単位司法書士会は国民に基本的に責任を負っていないのかが問題となります。

第三に、研修制度の問題があります。法務省側は、研修については本来単位会、連合会がやるべきである、という考え方であり、次のようにいっています。「司法書士は報酬を受けてやる、平べったくいえば一種の商売でございますから、これを国におきまして修習制度を設けるということはいかがなものかというふうに考えるわけでございます」。これは、裁判官・検察官・弁護士を統一的に養成している司法修習制度にも波及する問題提起かもしれません。つづけて政府委員は、「そうなりますと、司法書士会の連合会あるいは単位司法書士会において研修をやっていただくというふうなことになるわけでございますが、これなんかも先ほど申しました登録の関係で、やはり登録事務をやるぐらいの余裕があるならむしろ研修制度を司法書士会がやるように一歩一歩準備してもらった方がいいのではないかというふうに私ども考えるわけでございます。したがって、われわれといたしましては司法書士会連合会、あるいは単位会ができるだけ早い機会にさような研修制度が実施できるように、できるだけの協力はいたしますけれども、現段階ではちょっと、連合会あるいは単位会において研修をやるだけの体制なりあるいは力はまだ持っていないというふうに、失礼でございますけれども私は考えているわけでございまして、将来の問題としては鋭意努力してまいりたい、かように考えるわけでございます」と言っています。

結局、研修は本来会がやるべきだ、それもできないではないか、ましてや登録事務は担当できないのではないか、と論理がつながっていくわけです。

そして、本来国がやるべき仕事として、登録事務と懲戒とがうたわれているのです。

第四に、固有の業務の性格の問題があります。これに関しては先ほど申しましたように、政府委員は、司法書士の活動範囲について法律判断権の一定の導入の必要性を認めております。しかしその独立性は認めていません。すなわち、「本来の司法書士の業務に属しておる事柄につきまして嘱託を受けた場合に、それに関連しての法律相談と申しますか、それは当然付随業務として現行法でもできるというふうに解釈しております。ただ、要望のそういった個々の具体的な嘱託を受けた事件とは別個に、独立して法律相談に応ずるというふうなことを司法書士の業務範囲に取り入れるといたしますと、弁護士法との衝突の問題がくるわけでございます。これはなかなか大きな問題でございまして、また、果たしてさような万般の法律相談を司法書士ができるということにするのが一般国民にとっていいか悪いかというふうな問題、あるいは現在の司法書士あるいは国家試験制導入後の司法書士といえども、そういった万般の法律相談に十分こたえ得るかどうかというふうな点も十分検討しなければならない問題でございます」というのです。

それはもっぱら弁護士の職域だ、だから、そういった法律相談を独立の業務として取り入れるということは困難である、実質的にも能力的にも妥当かどうか疑問なしとしない、という問題提起です。

したがって、こういう基本的な考え方のもとにでき上がった昭和五三年の司法書士制度はやはりプロフェッションの確立という点からしますと、過渡的な性格を持つと言わねばなりません。

プロフェッションの特質

その過渡的な性格を析出する尺度として、プロフェッションに要求される三つの特質をあげたいと思います。一つは、高度の専門的知識と、その実用性でありま す。プロフェッションと呼ばれるものに共通している性格は、高度の専門的知識をもつことですが、その高度の専門的知識が実用性を持たなくてはならない。いわば理論とその応用が兼ね備わり、高度の知識が実務にまでおりてくるということです。その高度の知識に裏づけられた技術に対して人々は信頼を持ち、そのことによってそのプロフェッションが社会的に承認され、権威を持つのです。そうでなければ依頼者、嘱託人の要求に応えることはできません。この点について、先ほどの法務省の見解は司法書士の現状に疑問を呈しているのです。

第二は、公共奉仕の精神であります。たとえばイギリスのバリスター（法廷弁護士）は一種の名誉職的な意味を持っています。したがって、経済的な成功は、それだけではプロフェッションとしての成功を測定する基準とはならないといわれています。大変あの人は儲かった、だから、あの人はプロフェッションにおいて成功した、とは言えない。それどころか、あの人は儲からない、儲からないどころか赤貧である、しかし、プロフェッションとしては素晴らしい業績を残した、ということはありうるのです。

この公共奉仕の精神の具体的なあらわれが倫理として示されます。たとえば「弁護士倫理」や

「司法書士倫理」です。一般の人は、高くかかげられている倫理を信用します。それは看板であり、人は看板を見て判断するのですから、その看板と違うことをやってはいけないのです。

また、司法書士の職務は公共性を持ちますから、依頼者に対して拒否はできないということにもなります。これは儲からない、と思っても拒否はできない。そして、引き受けた以上はその倫理、看板通りに業務を行わなければならないのです。

第三はプロフェッションの組織であります。その組織は、理念的には自己の利益の追求のみでなく、公共的な利益の追求のための手段という意味を持っています。組織はそのプロフェッションがプロフェッションとして成立するためのものです。もちろん、プロフェッションとしての品位を維持するに足るだけの収入を保障することも、組織の重要な役割です。しかし、それは公共奉仕のための基盤の保障であると考えます。イギリスでは、かつては少なくともバリスターになるためには一定の経済的基盤がなければならない、なければソリスター（事務弁護士）になる、と言われていました。そこにはちょっと問題があります。金持ちでなければプロフェッションになれないではないか、ということになるからです。それでは困るわけで、やはり現代的なプロフェッションについては、プロフェッションとしての品位を保つだけの収入は確保されてしかるべきだと考えます。その反面、社会における弱者に対する援護の役割の一翼を、組織は担わなければなりません。

さて、組織がプロフェッションがプロフェッションとして成立するためのものであるということとは、それが、プロフェッションの切磋琢磨の機関である、さらにプロフェッションが全体としてその役割を果すために、社会に対して働きかけていくための組織であるということなのです。その底には、プロフェッションにおける連帯責任とでもいうべきものがあると思うのです。先ほど新聞をひいて申しましたように、ひとりの司法書士が非難されるような行為をしたならば、その影響は、司法書士と名のつく人全部に及ぶでしょう。司法書士は、そういう連帯責任的な関係のなかにあるのであり、組織はその連帯責任の体現者であります。

そのことは、決して司法書士の個々人の独立性、自立性というものとは抵触しないと思います。司法書士会をつくって強制加入にするということは、結社の自由に反するとか、司法書士の独立性に反するという議論もあるようですが、むしろ私は逆だと思います。もちろん、それが全くの自己の利益追求の団体になってはいけないわけです。しかし、そのプロフェッションが非常に高度なものを要求されるからこそ、いかにそれぞれの人が自立性・独立性を持ち、研鑽につとめても、孤立していては、国民の要求に応えることができないという面を持つ。そこで、どうしてもそこには切磋琢磨の、あるいはそのプロフェッションの役割を社会的に実現するための組織が必要になってくる。だから強制加入ということはそのための手段として認められると思うのです。

以上の三つだけが、プロフェッションが確立するための指標であるという自信はありません。しかし、少なくともこの三つは満たされなければならないのではなかろうか、と思います。そして綱紀の維持は、まさにプロフェッションに要求される特質を保障するためのものであります。

5　現行綱紀制度の問題点

そこで、現行綱紀制度の問題点について私なりの考察をしたいと思います。まず第一の問題は、綱紀制度を維持するための規範としての法・会則・規則と倫理の位置づけです。

法・会則・規則と倫理

弁護士会でも、日弁連が昭和三〇年三月一九日に制定した「弁護士倫理」があります。アメリカン・バー・アソシエーション（アメリカ弁護士協会）の弁護士倫理規範ほどではありませんが、かなり詳細なものです。まず弁護士の使命をうたった前文があり、その終りに「弁護士の気構えを要約すれば、左の諸点に帰す」として、「弁護士は、正義を尊び、自由を愛する。弁護士は、真理を求め倫理を重んずる。弁護士は、秩序を重んじ奉仕と勇気を忘れない。弁護士は、財を貪らず、権勢におもねらない。弁護士は、人格を研《みが》き、良識を養い学術をゆるがせにしない」と述べています。プロフェッションの三つの特質はすでにこのなかに入っているように思いますが、さらに本文は、「第一章　一般規律」、「第二章　法廷等における規律」、「第三章　官庁との規律」、「第四章　弁護士間の規律」、「第五章　依頼者との規律」、「第六章　事件の相手方との規律」、「第七章　その他の規律」全三五条からなっています。

ただ、現在の綱紀、懲戒の実務のなかでは、この弁護士倫理違反は直ちには綱紀及び懲戒の事由にはならない、という解釈になっているようです。だから、一種のモラルとして、いわば一般人に対する看板としてかかげられているということですけれども、その看板と、現実に法的な規制として加えられる法・会則・規則との関係をどう考えたらいいのか、私には疑問として残っています。とくに、弁護士倫理は綱紀、懲戒の事由にあたる場合もあるのではなかろうか、少なくとも懲戒事由としての「品位を失うべき非行」(弁護士法五六条)が問題になるときに、その内容を構成する可能性があると思います。弁護士倫理は弁護士の看板であり、一般の国民は看板を信用するからです。

司法書士会もまた、立派な「倫理綱領」をもっています。しかし、これは大変簡単で抽象的です。私は、司法書士の実務経験の中から、詳細な倫理綱領が生れることを期待したいと思います。「東京司法書士会注意勧告取扱規則」はその芽になると思います。詳細な「倫理綱領」が育つことは、法・会則・規則の内容を豊かにすることではないかと思うのです。

懲戒権者と会との関係

第二の問題点は、懲戒権者と会との関係です。この点に関しては、私は俣野幸太郎先生の論文(「現行綱紀制度の基本的視点」『司法の窓』五五号)を読ませていただいて、大変勉強になりました。あの論文は五三年改正の前に書かれたものですが、非常に綿密に考え抜かれた、現実に立脚した論文であります。

この論文において先生は、法務省側、司法書士会、そして会内(実質的には個々の司法書士)という三者の懲戒をめぐる非常に微妙な関係を、現実に即しつつなんとか筋道を立てていこうと努力しておられます。私にはこの三者の調整問題は、歴史的な経過と、これからの会の努力とにかかっていると思われます。どうも理論的にスパッと切れる問題ではないという感じがします。

現状ではいろいろなアンテナから、綱紀に関する問題が拾い上げられてくるようです。法務省側に直接投書や電話でくるもの、司法書士会の側に投書、電話、あるいは本人が申し立ててくるもの、あるいは新聞などによって社会的にストレートに問題になってくるもの、などです。現在の当局側の取扱いは、原則として事件を会のほうにまわすようですが、しかし、事案が明々白々な場合には当局のほうで独自に処分をすることもあると聞きました。

前者は別として、後者は今後問題となることだろうと思います。後者といえども明々白々だという認定がやはりなされるわけですから、認定権の所在の問題にふれます。少なくとも第一次的な認定権は、司法書士会が持つということにならなければならないのではないか、と思います。したがって、当局からの懲戒に関する調査の委嘱と、それに対する会からの意見具申という関係は、会からの意見具申が基本をなすべきではなかろうか。そうなるためには、綱紀問題に関する司法書士会の大きな努力が必要だという感じがいたします。

会内関係

つぎに、会内の綱紀問題の取扱いが検討されなければなりません。第一に、会長と綱紀委員会との関係はなかなか難しい問題になろうかと思います。これについて俣野先生は、綱紀委員会に三つのあり方があることを示されました。第一は綱紀委員会がいわば会長の手足として、つまり事実認定機関としてあるばあい、第二に訴追機関として、つまり検察官的に、会長と同じ立場で訴追する権限を持つばあい、第三に、会長の補助機関として、予備審査機関としての性格を持つばあいです。

この三つのどれをとるかを決定する要因として、俣野先生は、司法書士会が法人格を持ち、そのことによって対外的にも確立をし、会長の権限が非常に大きくなったということや、綱紀問題の重要性からして、あるいは起訴便宜主義的なものをそこに入れるべきかどうかというような問題を提起しておられます。

会長の権限を最も強く考えますと、綱紀委員会は、第一の事実認定機関になってしまいますでしょうし、最も弱く考えますと第二の訴追機関になるでしょうし、もしも会長のところでさまざまな考慮を働かせる余地があると考えますと、第三の予備審査機関になるでしょう。

現在の実務の運用がどうなっているか私は存じませんけれども、この三つのどれをとるかは、結局、司法書士会のあり方をどう考えるかということ、したがってまた司法書士会と当局との関係をどう考えるかということにつながっていくと思います。

これと関連して調査の範囲の問題があります。綱紀委員会が会長の委嘱を受けて調査をするばあい、その調査の範囲はいかにあるべきか。不告不理の原則にならって、会長委嘱の範囲に止めるのか、それとも独自に調査できるのかが問題になります。この点は、さらに当局との関係にもからまってきます。

従来の例では、綱紀委員会の意見を受けて、会長が当局に意見を具申したところ、当局が懲戒処分を行ったばあいにあげた懲戒理由が、会長が意見を具申したよりも広いという例があったように聞いています。そうしますと、先ほど申しました懲戒権者と司法書士会との関係において、まだ会の主体性が弱いと言わざるをえません。

しかし右の点は、先ほど申しました会長と綱紀委員会との関係、綱紀委員会の調査範囲の問題と関係しています。もっとも、綱紀委員会の仕事は、弁護士会のように（弁護士法七一条、五五条一項）、調査にあたって他の協力を求めることができるという法的な保障さえ持っていない。会員に対して受忍義務を負わせるということができても、会員以外にはそういった受忍義務を求めるような法的な規定はない。会則で決めても、それは会員以外に効力を持つとはいえないとしますと、弁護士会に比べても調査権は非常に弱くなります。

弁護士会の綱紀委員会のばあいでも、強制調査権はありませんから、一定の限界内で事実認定をすることは避けられません。まして、法ないし規則の上で他への協力要請権がうたわれていない司法書士会のばあいですと、綱紀委員会の方が調査をするというばあいには、大変な障害にあうということは容易に推察がつくわけです。

だから、いままでのケースの処理を司法書士会の綱紀白書などで拝見しますと、それにしては非常によくやっておられるという感じがいたします。これまでの綱紀委員会の先生方の努力は並大抵なことではなかったでしょう。それにしても、綱紀委員会の活動を軌道に乗せるためには、何といっても司法書士会自体の強力なバックアップが必要だと思います。その前提として、プロフェッションの組織としての会が持っている意味を、会員の皆さんにわかっていただく必要があります。それがなかったならば綱紀委員会は十分に動くことができないでしょう。その結果として、意見具申が会長を通して懲戒権者である当局にいったばあいも、その重みが問題になるでしょう。意見具申と現実に行われた懲戒処分との間に食い違いがあるということは、決して望ましいことではありません。

第二に、会長と注意勧告審議会との関係であります。さらに、注意勧告審議会と綱紀委員会や、一般的に品位保持について事務を司っている総務部との関係についても、今後つめるべき問題があろうと思います。私が東京司法書士会の諸規則を拝見した限りでは、これらの機能分担関係についてよく理解できませんでした。恐らく今後の運用にまつところが多いと思います。お聞きしたところでは、まだ注意勧告審議会は現実に機能したことがないようですけれども、注意勧告権そのものの法的な性格についてもさまざまな議論があるようです。これは処分であるという見解と、いやそうではない、という見解が対立しており、いまの日本司法書士会連合会では、処分ではないというところで統一見解が出ているということを聞きました。

私は、注意勧告権は、司法書士会がもち会長が行使する会員に対する一般的な指導・連絡の権限を、一定のばあいについて特定したものではないかと思います。したがって、それを処分として位置づける必要は必ずしもないのですが、司法書士のプロフェッションとしての確立のためには、主要な手段になるものと考えます。注意勧告の規定ができることによって、会長の一般的な指導・連絡の権限は、強化され、かつ拡大されたのではないかと思います。すなわち、注意勧告に至らない段階の指導・連絡の権限もまた重要な役割を果し得ることになるからです。会長は、総務部を通じて会員の品位保持に関する事項を把握し、もしも問題があるならば綱紀委員会にかかります。綱紀委員会は、会長の委嘱に応じて調査をしますが、これについてはとり得る三つの道があります。第一は、懲戒相当という意見具申をすることです。第二は、事案を注意勧告委員会にかけることの具申です。第三は、注意勧告に至らない段階の指導・連絡をすべしとする具申です。注意勧告の規定は、この第三の道を活性化し、会の役割を強化するのではないでしょうか。

それだけに、注意勧告については、これに積極的な態度がとられてよいと思います。もちろん、注意勧告は、「所属の司法書士がこの法律又はこの法律に基づく命令に違反するおそれがあると認めるとき」(司法書士法一六条の二) になされることになっていますから、濫用の危険もないとはいえません。したがって、その行使には慎重でなければならないのは当然です。弁護士会でも、綱紀委員会に申立てがあるということだけで、その弁護士は社会的地位に影響を受けることがありうる、と聞いています。とくに注意勧告には、会として当局への報告義務がありますから、いっそう大きな意味をもつかも知れません。しかし、東京司法書士会の会則、および「東京司法書士会注意勧告取扱規則」は、きわめて綿密にできており、かつ不服申立手続も整備されていますから、これらに則って厳正に手続が行われる限り、問題が起こるとは思えません。したがって、注意勧告について積極的にとりくまれることは、前に述べました第三の道を活性化することにもなり、司法書士のプロフェッションとしての確立に大いに役立つと思うのです。このことが、将来の自己懲戒権の獲得の可能性を開くのではないでしょうか。この点において、一人一人の司法書士の法律家としての自覚と、その集合体としての司法書士会の役割がますます重要であるということになります。

6 結び——司法書士に求められるもの

今後、日本社会、いや世界中の激動が予測されます。トフラーの〝第三の波〟ではありませんが、これからの社会はなかなか一定の像が描きにくい社会だろうと思います。

それだけに、プロフェッションに課された役割はますます大きくなってくると思われます。今後の社会は、専門家同士の連帯と、専門家と一般市民との連帯によって初めてなんとか乗り切っていくことができる、と私は思うのです。

これから日本社会が直面するであろうさまざまな事態は、決して容易なものではありません。いままではマンパワーでやってこれたわけです。高度成長はまさにマンパワーの時代であります。日本の人口構成のもっとも活力をもった時期と、経済的な高度成長の条件とがピッタリ一致したために、日本は世界にも珍しい高度成長を遂げることができました。ところが、今後基本的には人口構成が高齢化していくなかで、ある種の活力を維持していくためにはどうしたらいいかがこれからの課題になってくると思います。

そういうときにプロフェッション同士の連帯、そしてプロフェッションだけではやはり盲点ができますから、プロフェッションと一般市民との連帯がものをいうのです。素人は批判し、専門家は責任をもつことによって連帯は成立します。一般市民の求めるプロフェッションとしての司法書士像の確立を皆さんに期待したいと思います。

＊　これは、一九八三年一〇月二四日に行われた東京司法書士会の「綱紀問題研修会」において、「プロフェッションとしての司法書士の綱紀問題」という題でお話したものです。この時は、司法書士法の昭和五三（一九七八）年改正によって、司法書士の自治権が大きく前進するとともに、その綱紀問題の重要性、とくに司法書士会の注意・勧告権をどのように機能させるかが問題となった時期でした。私の話は、江藤价泰「準法律家」（岩波講座『現代法6現代の法律家』一九六六年）、石村善助『現代のプロフェッション』（一九六九年、至誠堂）、田中英夫『英米の司法―裁判所・法律家』（一九七三年、東京大学出版会）、江藤价泰「下級法律実務家と上級法律実務家」（岩波『法社会学講座8』一九七三年）、利谷・江藤・松井・宮崎・松浦ほか「シンポジウム・司法書士制度の現状と展望」（『法と民主主義』一〇六号、一九七六年）、東京司法書士会『資料改正司法書士法』（一九七八年）、「座談会、綱紀白書を読んで―綱紀白書と自治機能」（東京司法書士会『司法の窓』五五号、一九八〇年）、日本司法書士会連合会『日本司法書士史（明治・大正・昭和戦前編）』（一九八一年）、『市民のための法律家（公証人・司法書士ほか）』（総合特集シリーズ24、一九八三年、日本評論社）などを参照しました。本文は、東京司法書士会『司法の窓』（六二号、一九八四年）に掲載されたものを大幅に圧縮したものです。なお、利谷「日本社会と司法書士」（法学セミナー、一九八八年一一月号）を御参照下さい。

3　司法に対する国民の参加

1　司法制度と国民

国民の司法参加の現状

私が今日お話するテーマは「司法に対する国民の参加」でありますが、なぜこういったテーマを掲げるのか、そのことがまず問題であります。ご承知のとおり、現在の日本において一般の国民が司法制度の運用に対して参加する道としては、次のようなものがあります。一つは、簡易裁判所、家庭裁判所における司法委員、参与員および調停委員の制度。二番目は、海難審判所における参審員の制度。三番目は、検察審査会の審査員の制度であります。一般国民が、何らかの意味で司法に参加することができるのは、ほぼ以上のばあいに限られています。このことは、私ども現在の日本の制度になれているものにとっては決して不思議なことではありませんが、裁判に、特に刑事裁判に一般の国民が判断の主体として参加をしていないということは、世界の大勢からみますとむしろ少数派に属します。そこで、なぜ日本がそうなったのか、それがどういう意味を持っているのかということを考えてみたいのです。

世界の大勢は、英米法系統において陪審制度を、ヨーロッパ大陸法や社会主義国において参審制度を採用しています。陪審制度は、ご承知のとおり一般の国民の中から選ばれた通常一二人の陪審員が彼らの眼前で行われるやりとりを見て有罪・無罪の判断をするという制度ですし、参審の制度は、裁判官の中にしろうとが入って、裁判官と同様に判断をするという制度であります。

このような制度が外国にあるのに日本にはない、そして私たち国民はそれについてあまり自分のこととして考えたこともない。このことこそ、私がこの制度を調べ始めてまず非常に不思議に思ったことであります。司法書士の方々は、他のいかなる法律家よりも一般の国民と接触する度合いが強い。この会で講演をせよと言われましたときに、このテーマでお話しようと考えたのも、この問題を考えるのには皆さんと一緒に考えるのが最も適当であると考えたからであります。

日本における法と裁判

ところで、「司法に対する国民の参加」の問題を考えるとき、私たちは、いったい日本において裁判はいかなる役割を果しているのか、そしてその裁判の基礎をなす法とは一体何なのか、そしてまたその法を運用する中心である裁判所は、日本ではどのような役割を果しているのか、という根本的な問題にすぐ突き当たることになります。そこで、これらに対する一般の国民の考え方自体を深く掘り下げて見なければなりません。

この点に関して大変興味深いのは、ローデルというアメリカの大学の先生が書いた『禍いなるかな、法律家よ！』（清水・西訳、一九六四年、岩波書店）という本です。その中で彼は次のように言っています。「今日の世界で広く行なわれているあらゆる専門的な技能のうちで、一般の人は、自分らに最も影響のあるもの、つまり法律家のいわゆる法についてほとんど知るところがない。有能な経済専門家や一ダースもの学問のどれにも通じている専門家に向って、臆するところもなく批評したり反対したりする人でも、自分の弁護士の与える助言となると、質問もせずにおとなしく従ってゆくであろう。しろうとが法に出くわすと、人が持つ正常な懐疑心や好奇心は、いつも完全にふっとんでしまうものらしい」。これはアメリカのことであります。決して日本のことではありません。アメリカですらもそうなのかということを私はこれを読んで感じました。もっとも、この本は一九三九年に出ているのですから、この言葉は当時のアメリカにあてはまるにすぎないことに注意しなければなりません。

それでは日本ではどうかと申しますと、法や裁判と一般の人々との距離は今なお非常に遠いと言わざるを得ません。そのことが、陪審制度あるいは参審制度のように、一般の国民が裁判の担い手となることを考えもしないということとつながっているのではないかと思います。

しかし私は必ずしもいつまでも日本がそうであるとは思いません。その一つの例として、適切かどうか若干考えてみなければならないのですが、最近における法律相談の盛況があります。ご承知のとおり、新聞を見ますと、必ず身の上相談、法律相談が載っております。それからいろいろなところで行われている法律相談には一般の人々が満員の盛況であります。これらのことは、いままで困ったことがあったばあい、泣き寝入りをしていたような人々が、何らかの手段を求めて泣き寝入りしなくなってきたということを意味しているのではないかと思います。いままでの日本の社会は、共同体的な規制や階層的な秩序によってがんじがらめでした。そういうものがだんだんとくずれて、個人の自由と権利意識が発展してきたのです。その延長上に、私は日本のすべての人々が自由に判断し、そして自分の力で自分の権利を守っていくという態度が出てくるのではないかと考えるのです。

このような社会の変化に伴って司法制度もまた変らなければなりません。この点に関連して、私は、昭和三九（一九六四）年に臨時司法制度調査会が出した意見書の内容に対して疑問を持っております。そこでは、これらの司法制度の改革を合理化という点にのみ強く向けようとしているように思われます。意見書によりますと、陪審制度や参審制度など司法に対する国民の参加については全く考慮されておりません。討議すらもあまりなされていないのです。そこでは法曹一元の制度、つまり裁判官には弁護士やその他からなるという制度すら否定されました。これは非常におかしい。あれだけの人々が集まって日本の将来の裁判制度を検討したのですから、諸外国で行われている、そして日本で行われていないということが非常に例外的であるこの現象を、一度徹底的に究明していただきたかったと思うのです。このようなことにも刺激されて、私は日本における陪審制の問題について検討してみようと考えたのです。

2　日本の陪審制度

そこで、まず出発点となるのは、戦前の日本でも、大正一二（一九二三）年に陪審法が制定され、昭和三（一九二八）年から一八年まで実施されたということ、また戦後においても陪審制度を採用するチャンスがなかったわけではないということであります。占領中の司法制度改革において連合国の総司令部は日本政府に対して陪審制度の採用について強く要求をしております。ところが当時の司法当局者は、戦前の陪審法そのものに欠陥があったことは認めながらも、基本的には日本の国民性が陪審制度には適さないということを理由として、この要求を拒否したのです。結局昭和二二年の裁判所法に、「この法律の規定は、刑事について、別に法律で陪審の制度を設けることを妨げない」（第三条第三項）という規定を置いただけで、現在に至るまで陪審制度の採用はなされないままであります。

ここで私は、当時の司法当局者が、陪審制度を拒否した理由を再検討してみたいのです。つまり日本の国民性は果して陪審制度に適さないのか、戦前の陪審法は本当に失敗したのか、ということであります。

そこで私たちは、日本の陪審法がどのようにしてできて、どのような働きを示したかということを明らかにしなければなりません。

日本の陪審制度の歴史

日本における陪審制度の歩みは、明治六（一八七三）年の官吏陪審としての参座制度をしばらくおくとしても、非常に古くさかのぼります。まず明治一二年に、日本の法律制度をつくる上に非常に大きな貢献をしたフランス人のボアソナードが起草し司法省が審議修正した治罪法（刑事訴訟法）草案の中に、陪審制度が入ったのが最初です。ところがそれが入ったとたんに、当時の有力な法制官僚の一人であった井上毅が、これに対してまず疑問を呈しました。当時の専制的な日本政府としては、陪審制度の採用は政治を行う上に都合が悪かったのです。当時の日本は開国後間もなく、外国の圧力の下で統一国家として力を貯えていかなければならないということから、国民の権利をできるだけ押えつけて、資本主義の発展をはかるという状況にあったからです。陪審制度は、政府が専制的に統治していくことのじゃまになるというのです。

また諸外国も、必ずしも日本人自身による陪審制度の採用を要求しませんでした。なぜかと言いますと、外国の政府が日本の政府に対して圧力をかけ、外国の政府の要求を日本の政府に忠実に行わせる上に、陪審制度はじゃまになります。むしろ外国は、日本の裁判の独立は害しても裁判所に外国人の裁判官を入れろという要求をしていたくらいであります。ボアソナードの陪審制度構想がつぶされてしまったあと、それが再び問題になるのは、明治三二年に不平等条約による治外法権が撤廃された直後の明治三三年のことであります。治外法権の撤廃により、日本は各国と法的に平等な地位に立つことができ、日清戦争も経過して日本の資本主義はめざましい発展を遂げていくのですが、そのときに日本の上昇していく資本家階級、ブルジョアジーの要求として陪審制度の制定が出てきたのです。その尖兵《せん》の役割を果したのが在野法曹、弁護士でありました。当時の在野法曹は、新しく伸びゆくブルジョアジーと密接な関係を持ちながら、そのブルジョアジーの権利を守る上に非常に大きな役割を果したのです。日本の資本主義は諸外国と比べて非常におくれておりましたから、国家権力による育成を必要としました。したがって、資本家は国家権力と非常につよく結びつき、そこから資金の供給その他あらゆる援助を受けて事業を伸ばしていくことが多かったのです。そこには必然的に資本家間の競争も行われ、国家権力との間に、他の資本家よりも、より密接な関係を結ぶということが非常に重要なことになります。したがって、そこに汚職の必然性が生じます。有名な鵜沢総明《うざわふさあき》（一八七二―一九五五）は、自分の取り扱った事件の中で汚職事件が一番多いと語っています。その場合にブルジョア階級としては、日本の裁判制度がブルジョアジーの権利をできるだけ守るということになっていないと非常に困る。そこで司法制度をなるべくブルジョア階級にとって都合のいいものにつくり直していく、その手段として陪審制度を考えるということになったのです。

しかしこの段階でもまだ陪審制度は採用されませんでした。その理由はいろいろありますけれども、国家があくまでも裁判制度の独自性を守ろうとしたということが言えると思います。

ところがその後ブルジョア階級は非常に強力となり、大正デモクラシー運動の中で政党を通して国家に大きな影響を及ぼすことになります。その間、いよいよ陪審制度の採用が日程に上ってきたのです。その直接の契機となったのが、明治四三年に起こった大逆事件でした。当時のブルジョアジーは、この大逆事件によって大きな衝撃を受けたのです。それは、天皇制そのものが、非常に大きな脅威にさらされたからであります。天皇制に対して、当時のブルジョア階級がどのように考えていたかは、福沢諭吉が明治一五年に書きました「帝室論」によくあらわれています。彼は、「わが帝室は日本人民の精神を収攬するの中心なり。その功徳《くどく》至大なりといふ可し」。「いまの民情を察して国安を維持せんとすには、中道の帝室を維持すること甚だ緊要なり」と言っております。非常に強い外圧の下で日本の資本主義を急速に発展させ、日本の国力を増大させて日本の独立を維持しようとする場合、帝室＝皇室の政治的安定作用を利用することが非常に効果的でありました。福沢はここに着目して、帝室をできるだけ中立的なものとして、秩序安定の中心としようとしたのです。ところが、そのような安定作用の期待に対して大逆事件は非常なショックを与えました。大日本帝国憲法が「天皇ハ神聖ニシテ侵スヘカラス」としているにもかかわらず、天皇に対して危害を加えようとする人間が出たからです。

江木衷の陪審制度論

それでは一体どうしたらいいのか。そこに江木衷が登場いたします。江木衷はこの大逆事件にショックを受けて、一体この事件はどうして起こったのかという原因を考えました。そこで彼の得た結論はこういうことであります。日本の裁判制度では、証拠の判断は裁判官の自由心証主義、つまり証拠の価値は裁判官が自由に考えることができるという制度になっている。したがって、裁判官は裁判においてきわめて大きな力をもっている。ところが日本の裁判は、当時の大日本帝国憲法においては天皇の名においてなされることになっている。天皇の名においてなされる裁判が、裁判官の自由心証、江木衷のことばをとりますと独断主義によって行われた結果、もしも無実の人間が罰せられ、誤判に対して非常な憤激の念を抱いたばあいに、一体どこにそのほこ先が向くであろうか。大日本帝国憲法は、「天皇ハ神聖ニシテ侵スヘカラス」と規定しているから、天皇は責任を負わない。そうすると、責任を負う者がいない。そう考えたときに、江木衷は、誤判に対する憤激のほこ先は、このような結果をもたらす仕組になっている制度そのもの、天皇制そのものに向かうのではないかという恐れを感じたのです。大逆事件はこのことによって引き起こされたのではなかろうか。江木はこのように考えたわけであります。

これに対して、江木の考えた解決策は次のとおりです。証拠の判断については陪審制度を採用し、裁判官が独断をするのではなくて、国民自身に考えさせるべきである。そうすればもしもその判断が誤っていて無実の罪に落ちたとしても、それは仲間の国民によってそうなったのだから仕方がないということになるだろう、国家そのもの、天皇制そのものにはほこ先は向かないであろうと考えたわけです。また、人民が人民を裁くことになっても、人民は仲間の人民に対して友愛の感情を持っているから、決してひどいことはしないであろう。したがって、陪審制度の採用は人民の権利を守るのに役立つだろう。このように見てきますと、江木衷の陪審制度採用の目的は、天皇制の神聖と安定性を守ることと同時に、ブルジョアジーの人権を保障するということにつながっていたのであります。

こういった主張を掲げて、彼は陪審制度採用の運動を強力に展開いたします。これだけの情熱を持って運動したならば岩をも通すだろうということが感じられるくらい、彼の行動力にはすさまじいものがありました。彼の主張は『冷灰全集』（冷灰は江木衷の号）全四巻の中におさめられております。彼は山県有朋その他の元老を説き、陪審制度の採用を主張いたします。この主張と当時原敬によって率いられていた政友会内閣の政策とが結びつくことによって、陪審法の制定が実現しました。江木のほか、高名な弁護士花井卓蔵と原嘉道もその実現に力を尽しました。

もっとも、枢密院の伊東巳代治が陪審法につよく反対し、これを葬り去ろうと策動しました。結局原敬が大正一〇年に暗殺された後、高橋是清内閣は大きな譲歩を余儀なくされ、陪審法は骨抜きの制度にされることによって、初めて大正一二年に法律として成立することができました。

陪審制度の内容

実現した陪審制度の内容は以下のとおりです。まず陪審の種類としては、法定陪審と請求陪審の二種類があります。すべての事件が陪審に付されるのではなくて、一定の重い罪についてだけ自動的に陪審に付せられる。それ以外の事件については、被告人から請求をしなければ陪審にはかかりません。しかも陪審を請求して有罪となった場合には、多額の陪審費用を払わなければなりません。また、本来陪審にかからない陪審不適事件が定められ、皇族の犯した禁固以上に当たる罪、皇室・内乱・外患・国交に関する罪、騒擾罪、選挙法違反の罪、軍機保護法・陸海軍刑法の罪その他軍機に関し犯した罪があげられています。治安維持法ができると、同法違反の罪も早速これにとりこまれました。請求陪審や陪審不適事件は、国民の権利を守るという点からすれば、陪審制度を大きく骨抜きにするものでありました。

第二に、陪審の放棄ということが規定されました。法定陪審は自動的に陪審にかかるわけですが、それを辞退することができます。また請求陪審のばあいは、いったん請求をして陪審にかかったとしてもいつでも取下げをすることができました。陪審制度の施行中、この陪審の放棄が非常に盛んに行われました。

第三に、陪審員の資格が非常に狭く限られています。引き続き二年以上同一市町村内に住居し、引き続き二年以上直接国税二円以上を納め、読み書きのできる三〇歳以上の日本臣民たる男子です。女子はなれません。したがって、資格者は非常に少なくなってしまいます。江木衷は、法廷を羽織はかまを着た人だけで埋めようと言っておりました。陪審は必ずしも国民全体の代表ではなかったのです。

第四に、裁判長の説示に対して非常に強い力を認めました。裁判長の説示とは、裁判長が陪審員に対して証拠と事件の筋道について説明することです。したがって、それは陪審員が評決をするばあいに非常に大きな影響を及ぼします。しかし説示に対する被告側からの異議の申し立ては許されないことになっています。

また、証拠法についても、陪審制度の精神は骨抜きになっていました。たとえば被告人や証人が公判廷外の尋問で、あることを言い、公判のときにそれをひるがえしたばあい、その前の尋問調書その他のものを証拠とすることができ、さらにその書類を陪審員に交付することができることになっております。そのことから、被告人が自白を強制されたようなばあいに、公判廷においてそれをひるがえしたとしても、そのことを陪審員にわかってもらうことが非常にむずかしくなるでしょう。

第五には、陪審の権限が非常に弱いということがあります。陪審が事件について評議をし答申をしても、裁判官はそれに拘束されません。裁判官の気にいらない答申をした陪審は、理論的には無制限に入れかえることができることになっていました。裁判所は、自分の気にいる答申が出るまで陪審員をかえることができるのです。これを陪審の更新と申します。これは非常に問題のあるところで、結局は裁判所の意見が優越するということになりかねないわけです。

また陪審法は、陪審員の評議について、多数決の制度をとっています。アメリカ映画の「十二人の怒れる男」をごらんになった方もおられると思います。そこでは全員一致の制度を前提にしておりましたから、一人でも被告人の有罪に対して疑問を持っている人がいれば評決できないことになっておりますが、多数決ですと簡単にきまります。この点も日本の陪審制度の問題点でした。

陪審制度の意義と限界

こうしてみますと、当時この陪審法を、「陪審法ならざる陪審法」と評した人がいたのも当然だったと思います。日本の陪審法は、諸外国で行われていたような陪審制度ではなく、適用範囲が狭く、陪審の判断に対して裁判所が非常に優越する日本独特の制度でありました。したがって、国民の側からこの陪審制度を見たばあいには、非常にたよりないものということになるわけです。

もっとも、陪審法のすべり出しはなかなか好調だったのです。第一年目は昭和三（一九二八）年一〇月施行のため比較的少なかったのですが、第二年目になると件数はぐっとふえてきました。ところがそれ以後ずっと減少傾向をたどりました。そして事件数の少なさと戦時中であることを理由として、陪審法は昭和一八年に施行停止となりました。当局者は、陪審制度の利用が少ないのは、陪審制度でない普通の裁判制度を一般の国民が信頼しているからだと言っております。しかしはたしてそうだったのかということを検討してみなければなりません。

元来この陪審制度は、先ほど言いましたような制度的な限界を持っていたので、弁護士の中にはその利用が少ないであろうと予想していた人もいたくらいです。その予想はまさに適中しました。またこの制度を実際に経験した弁護士の立場からしても、この利用には一向気のりがしないと言われました。その理由の第一は、もしも法定陪審事件において陪審を辞退しなかったり、請求陪審事件において陪審を請求したりしますと、裁判官の心証を非常に害するおそれがあったからです。戦前の日本の裁判所には、お白洲的な性格が残っていたことが指摘されていますが、もしそうだとしますと、陪審制度を利用することは、裁判官に対する不信の念の表明ということになりかねません。したがって、陪審が犯罪構成事実ありと答申したとしますと、裁判官はそれ見ろというわけで、非常にきびしく刑の量定をするのではないか、それでは被告人としてはたまらないということになります。第二の理由は、弁護士の努力によって、犯罪構成事実がないという陪審の答申をえたとしても、裁判官がいやそうじゃないと考えれば、陪審の更新ができるということです。また実際にも、陪審の更新は割合に多かったのです。施行の初期におきましては陪審制度の下では無罪率が非常に高く、ことに放火事件ではその例を多く見ました。これに対して裁判官がそれじゃ評議をもう一ぺんやり直せというので、人を入れかえてまたやらせるということがありました。そうなりますと、弁護士としては依頼者に対して陪審を積極的にすすめるわけにはいかなくなります。被告人の利益を守るという弁護士の立場からいうと、いやもうこれは裁判官にまかせたほうがいい、そしてできるだけ情状酌量してもらったほうが訴訟技術としても得だということにならざるを得ません。なお、陪審裁判には控訴が認められないことも、嘆願のチャンスを少なくすることから、陪審制度の利用を少なくする理由となったようであります。

しかしこのような制度的限界のもとでも、私は日本の陪審制度は人権擁護のためにかなりの役割を果したと思います。一四年半の陪審法施行期間中、陪審裁判の総件数は四八三件でした。被告人総数は六一一名、そのうち無罪は九四名で無罪率は一五・四％でした。これは同じ時期の一般刑事事件の無罪率が最高の年で三・七％であったこととくらべると、大変高いと言わなければなりません。

この無罪率の高さは、陪審裁判では証拠の取扱いがより厳格になり、被告人の防禦の機会が確保されたことに支えられているように思われます。陪審裁判の傍聴記を見ますと、往々にして警察官あるいは検察官の事件の捜査が非常にずさんであったこと、結局証拠は被告人の自白以外にはなかったことが明らかになっています。警察官に対して尋問をしますと、しどろもどろになってしまうこともみられました。ある事件では、被告人を留置したことについて、任意に被告人がきょう一晩泊めてくれと言ったのだと警察官が言って、陪審員席がどっと哄笑したという記事もあります。このように、捜査が非常にずさんであったことが法廷にはっきりと出てくるのですから、陪審員は「しからず、犯罪構成事実なし」という答申をし、無罪の判決がでるということになったのでしょう。したがって、大きな制度的限界があっても、陪審制度は日本でもかなりの役割を果したし、被告人の基本的人権を守るのに役だった、その運営においても、陪審員はなかなかみごとにやったと見ていいのではないかと思うのです。私は、陪審制度はその制度的欠陥をなくし、十分な準備をもってもう一度採用すべきだと考えます。

3　国民の司法参加への道

陪審制度につきましては、世界各国で確かに疑問が提出されております。そして陪審制度から参審制度へ移行するという傾向も見られます。しかしまた、シカゴ大学における陪審制度研究の成果によりますと、陪審員の判断というものは相当的確であって、信頼に値するという結論が出ているようです。この点に関連して、『禍いなるかな、法律家よ!』におけるローデルの次の言葉が思い起こされます。「人々の間に起こる本当の争点を明確にするどころか、かえって混乱させてしまう法律用語や法律原則を、すべて片づけてしまうだけでいいのである。これは無政府主義のための主張ではない。むしろ常識《コモン・センス》のための主張である。……何が公平で、何が正しいか、ということをめぐって、各人の考えが衝突する場合には、民主的な手続によって制定された成文法が、可能なかぎり、必ず答えを出すようにしなければならない。成文法の中に答えが見当らないときは、だれかが、決定しなければならない。そして、この決定は、形ははっきりしていなくとも、平易で素朴な正義・公平・人道主義に基づいている方が、ほかのものよりも優れているであろう。現在はそのような決定を行なうのは法律家たる裁判官である。決定の一部分は陪審によってなされるとしても——これは一般人の正義に関する考えもいくらかは価値があるという認識のかすかな最後の名残りである——陪審は法及び裁判官の命令という厳格なわく内で行動しなければならない。しかし、一般の人でも、正規の裁判官と同程度には正義のことを知っているのであって、実際には、それよりもよけいに心得ていることが普通である。なぜなら、人間の行動に関しては一般人の考えや理想の方がずっと簡明直截だからだ。……法を習ったからといって、人は一段と優れた正義の判断者になりうるわけではないのみか、そのことでかえって悪くなるかもしれないのである」。ローデルの言うように、正義の判断については、しろうとのほうが法律家よりもかえって的確に判断することができるかもしれないということを、私ども法律家は、率直に反省しなければならないと考えます。

私は最近これについて一つの経験をしました。私の友達の経済学者が、自分自身の借地借家事件について、非常に困った事件が起こった、私が考えるとこういう結論になるのだが、これは法律的には、どうか、と詳しく自分の考えを述べたことがあります。その考えは非常に筋が通っていて、その事件の解決としては寸分のすきもない、しかもそれは私が法律的に判断をした場合とほとんど一致したのです。私はその人に、あなたの言うことは法廷に出たって通りますよと言ったのですが、事実に対する正確な判断については、私たち法律家はかえって一般の人々に一歩譲るのではないか、私たちには事実を考えるばあいにすぐに法律用語に翻訳して考えるというくせがついていて、かえって、事実そのものを見ることの妨げになることがありはしないか。私は、一般の国民が真剣に事実に対してとりくむならば、その判断にはかなりの信頼が置けると考えますし、またすべての人々にそうなってもらいたいと考えるものであります。

私たちや皆さんのように、一般の国民と法律を通して接触している者の任務は、この人々の的確な判断に基づいて法律的な構成をすることではないかと思います。言いかえれば、「法律的にもの言わぬ国民の口になる」ことであります。一般の国民の率直な素朴な感覚について、私たちは法律家として、「いやそれはしろうと考えではそうかもしれませんが、法律的にはそうじゃないのですよ」ということなく、率直素朴な感覚を尊重しつつ、ほんとうにこの人たちの直面している問題を妥当に解決するためにはどうしたらいいかを謙虚に考えてみる必要があると思います。

このことを制度的に保障するにはどうしたらいいか。私は陪審制度はその一つの方法であると思います。もっとも、陪審制度については、これは過去のものであると考えている人も多いかも知れません。そしてまた私も陪審制度だけに固執するつもりはありません。もしも国民の考えを、司法制度に反映する道がほかにあるのならば、私はそれでもいいと思うのです。私も、日本に適合した制度を何とかして見つけ出したいと思います。そのためのアイディアは、皆さんのように一般の国民に直接に接しておられる方の中からこそ出てくるのではないかと私は期待しているのであります。

＊　これは、一九六七年五月五日、日本司法書士会連合会の第二回全国研修会でお話したもので（日本司法書士会連合会『全国研修会叢書（第二回）』一九六八年、所収）、利谷「司法に対する国民の参加―戦前の法律家と陪審法―」（岩波講座『現代法6現代の法律家』一九六六年）がもとになっています。国民の司法参加の問題は、私の主要な研究テーマの一つであり、その後も、「検察審査会と国民の法意識」（戒能通孝博士還暦記念『日本の裁判』一九六八年、日本評論社）、「戦後改革と国民の司法参加―陪審制・参審制を中心として―」（東京大学社会科学研究所編『戦後改革4司法改革』一九七五年、東京大学出版会）、「条約改正と陪審制度」（『社会科学研究』三三巻五号、一九八一年）、「貰い子殺人陪審裁判」（松井康浩弁護士還暦記念『現代司法の課題』一九八二年、勁草書房）、「天皇制法体制と陪審制度論」（日本近代法制史研究会編『日本近代国家の法構造』一九八三年、木鐸社）、「日本の陪審法」（『自由と正義』三五巻一三号、一九八四年）などを書いています。本文は、陪審法の制定を主として在野法曹の活動の側から見ていますが、これを政党の側から見たものとして三谷太一郎『近代日本の司法権と政党』（一九八〇年、塙書房）があります。その他、浦辺衛『わが国における陪審裁判の研究』（『司法研修所調査叢書第九号』一九六八年）、伊佐千尋『司法の犯罪』（一九八三年、文藝春秋）をご参照下さい。

III 日本人の法意識

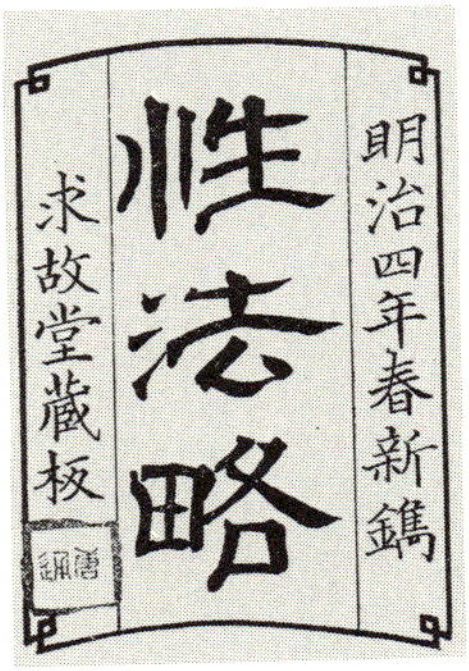

性法略

泰西国法論

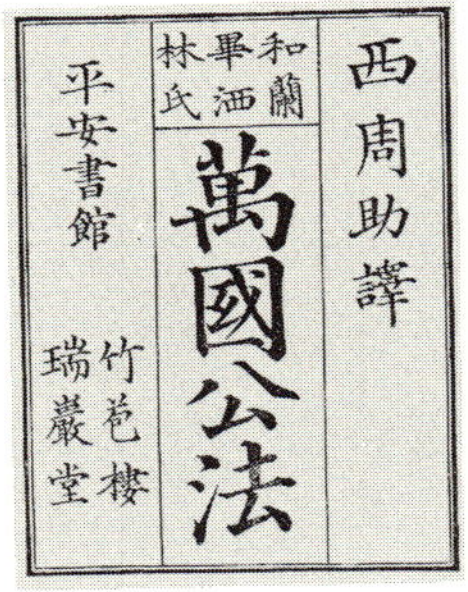

万国公法

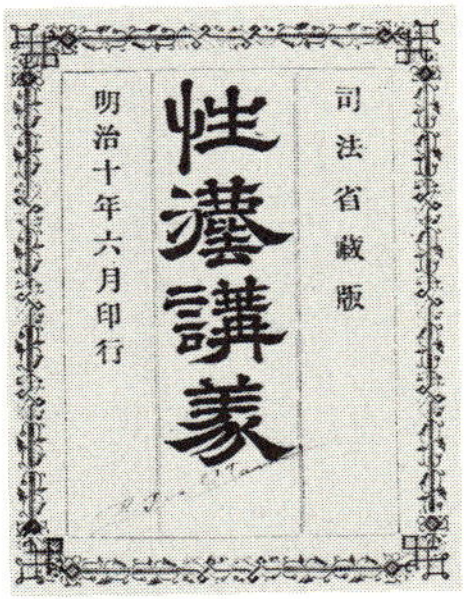

性法講義

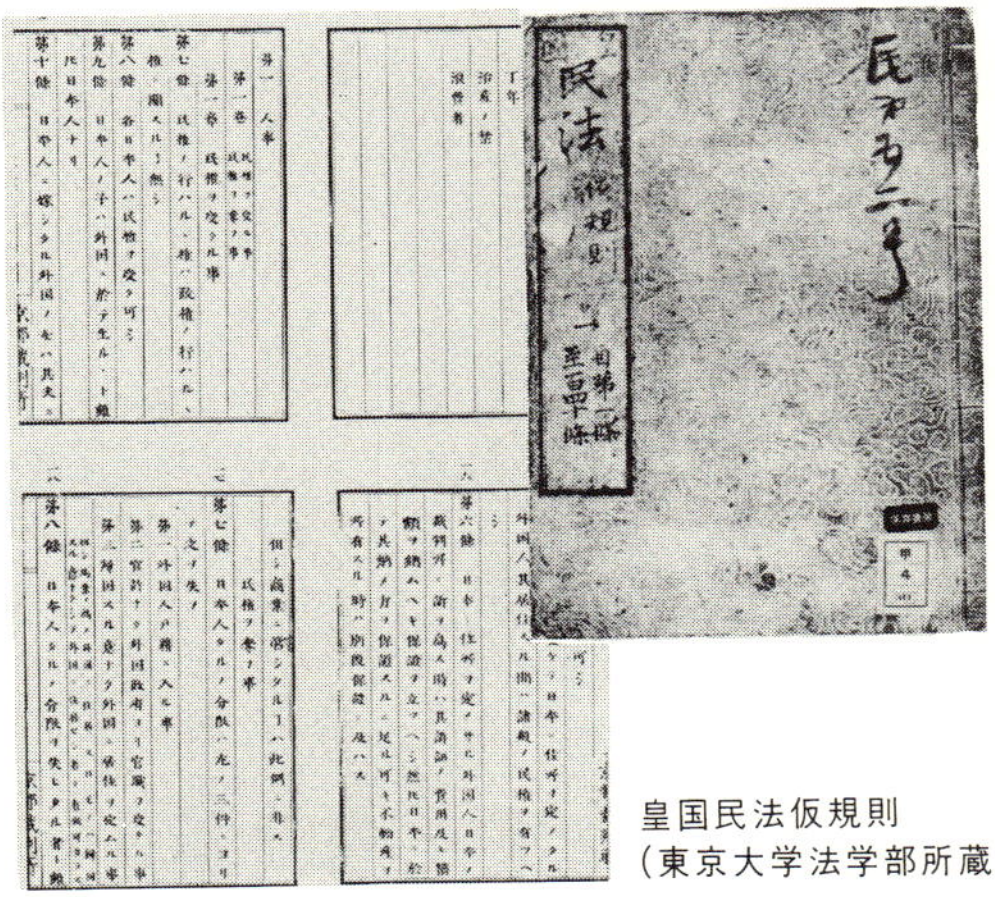
皇国民法仮規則
(東京大学法学部所蔵)

1　ことばと法律

1　はじめに

日本にも外国にも、『法律とことば』という本があります。しかし私は、このお話の題を「ことばと法律」としました。日常私たちの使っていることばと、それによって成り立っている生活の側から、法律を見直してみたいと思ったからです。

日常のことばと法律上の用語

この講演をお引受けしたとき、私は自分の卒業のときを思い出しました。卒業式のとき、しばらく会わなかった友人が、「君はこれからどうするのか」と聞きました。私が、「大学に残ってもっと勉強する」と答えましたら、彼はびっくりして、「まだ法律をやるというのか。おれはもう沢山だよ」と言いました。それからもう二十数年たって、彼は立派な実業家になっていますが、私は未だに法律を勉強しています。ふだん法学者仲間で話していますと、法律用語や法的な論理を使っても何とも思わないのですが、他の専門の方々とお話をすると、自分がやや特殊な人間になっていることを感じます。いま卒業式のときの友人と話したら、何と言うでしょうか。

たしかに、一般の市民と法律や法律家との間には、ことばと考え方においてかなりのギャップがあるようです。しかしそれでよいのか、というと決してそうとは言えません。ここに六法全書がありますが、これは、本来誰でも読んでわかるものでなければならないはずです。なぜなら、日本国憲法は国民が主権者であるとし、立法も司法も行政も国民に究極的なより所を求めるものとしています。日本は法治国として、国民の代表によって作られた法律を裁判や行政の基準として、社会を運営し、紛争を解決し、外国人ともつきあっていく建前になっているのです。その法律が国民にわからないのでは話になりません。したがって法律は、特殊なことば、たとえば特殊な人にしかわからないコンピューター言語を使って作ることは許されず、日本人なら誰にでもわかる「自然言語」である日本語を使って作られています（碧海純一『法と言語』一九八一年、日本評論社）。

そうは言っても、日常のことばと法律上の用語や文章との間には大きなギャップがあることは事実です。法律は日常の生活から遊離していると言っても過言ではありません。そのために、法律を知らない人が思わぬ損害をうけたり、事件にまきこまれたりすることも少なくありません。したがって、何とかしてこのギャップを埋めなければならないと思います。これは大変むずかしいことですが、不可能ではないと思います。

ことばをきたえる

私はいま考えるところがあって、ある女子大の、法律とは関係のない学生に法律の講義をしています。彼女たちに、一学期の終りに四項目の質問に答えてもらいました。第一は「かつては法律をどう考えていたか」、第二は「私の講義を聞いてから初めの考えはどう変ったか」、第三は「法律について現在どんなものと考えるか」、第四は「日本語は日常的な関係を調整するためにも、もっときたえる必要があるという私の主張についてどう考えるか」ということでした。これに対する答えは、比較的似た傾向を示しました。

若干の実例をあげてみましょう。第一問については、「法律はわかりにくくてむずかしくて読む気が起らないものである」、「専門家にまかせておけば安心なものである」、「専門家にしか手に負えないもの」、「わざと理解しにくく書かれた一部の人のための特殊言語」というように、かなり手厳しい答えが返ってきました。第二問については、「実際の法律をかみくだいて書いてある本を読むと、それほどむずかしくなく、あたりまえと思えるほどである」、「解釈のしかたなどはわからなくても法律のいっていることの本質は私にもわかるし、専門家にまかせておいては危い」、「法律は何も特殊な現象ではなく、生活の一部であるということがわかりかけてきた」というように、答えが変ってきました。また、第三問については、「法のわかりにくさの問題は簡単に解決できるものではないと思う」、「常に批判的に法律を見きわめ、より理想的な解釈や改正を目ざさなくてはならないと思う」というような慎重で堅実な意見が出てきました。そして第四問については、「日本語をきたえるという点には同感です。しかしそれはむずかしそう」、「日本語には感覚的なことばが多いのに、厳密な定義を与えていくわけでしょう。学校教育の見直しから検討されなければなりません」という答えもあれば、また「日常のことばを発達させるというよりは、個人の表現力の方が問題なのではないでしょうか」、「日本語が法律語に近づくとすれば、うかつにおしゃべりもできなくなりそうです」というのもありました。

いずれにしても、半年間の講義によって、この人々の法律に対する感覚が違ってきたことは事実です。法律は生活から遊離したものでなく、むしろ密接に関係があるものであり、無関心に過ごすことはよくないということでは、答えはほぼ共通していました。しかし同時に、この人々のことばに対する不信感、その限界感の根強さも感じられました。自分の考えていることを本当に相手に伝えることができるか、という問題です。日常のことばでもそうですから、法律用語で社会関係を調整し規制することにはより一層問題を感じているわけです。しかし、表現力を養い、自分の考えていることを的確に表現するために、手段としての日本語をきたえるということには異論はないようでした。今日の私のお話の結論も、実はそれにつきます。法律を生活から遊離したものでなくするために、法律をやさしくすることは、もちろん不可欠なことです。しかし、同時に重要なことは、私たちの日常のことばを、私たちの生活上の利害を的確に表現できるようにきたえなおすことです。そうすれば、日常のことばの側から、法律上の用語や文章の変更を迫ることも容易になると思います。

実を言えば、日本語も明治以降の近代化の過程で、激しく変ってきました。現在も変りつづけています。私たちは、ことばによってお互いの関係を調整しながら生活し、社会を構成し、国家をなしているのですから、日常生活や社会・国家が変れば、ことばも変って行かざるをえません。法律上の用語は、本来このようなことばの特殊なあり方に外なりません。法律上の用語によって組立てられた法律制度も、本来は、私たちの日常生活にあうように変っていかなければなりません。この二つのものの間をつなぐのは、日常のことばと法律上の用語との関係です。日常のことばが、本当に私たちの生活を反映し、そのもっている問題を表現することができれば、言いかえると、私たちが日常のことばを使いこなして自分たちの要求を示すことができれば、法律上の用語とその意味が、ひいては法律上の制度が変っていくでしょう。これまでも、その努力は続けられてきたと思います。それをもっと自覚的に進める必要がある、というのが私の結論です。結論を先に申しあげましたので、あとは尻切れになるのを心配しないで、安心してお話することに致します。

2　法律用語のむずかしさ

専門用語としての厳密性

さて、法律上の用語のむずかしさは、日本だけのことではありません。法律や法律家は、どこの国でも評判がよくありません。「よき法律家は悪しき隣人」だそうです。また、アメリカの法律学者のフレッド・ローデルは、「法律家でない人にとっては、法律用語は、……事実上、一つの外国語である」（清水英夫・西迪雄訳『禍いなるかな、法律家よ！』一九六四年、岩波書店）と言っています。欧米のばあいも、ローマの法律用語がうけつがれたために、一般の人になじみのないものがあることは事実です。しかし、欧米先進国では、社会の発展に伴って日常のことばが発達し、そのあいまいさを除くために意味を限定して専門用語としての法律用語を作るという道筋が一本通っています。このような所でも、やはり法律や法律家は特殊であるという感じは避けられないようです。法律上の用語や文章は抽象的であって、それを見れば、具体的なイメージがすぐにわくということにはならないものも多いことは確かです。また、日常生活上の用語と違った使い方をすることも少なくありません。

もっとも、法律上の用語のむずかしさは、専門用語としての厳密性の要求からくる面もありますから、ある程度やむをえないということはご承知頂かねばなりません。日常のことばは多義的であいまいな面をもちます。それに対して法律上の用語は、その内容がはっきりとし明晰でなければなりません。法律は、あれかこれか判断に迷ったり、利害の境界がはっきりしなくてどっちにしたらいいか分らないときにこそ必要であり、決定の基準として役に立つものであります。通常物事がうまく行っているときには、法律は必要がありません。争いになって黒白をつけなければならないときに、はじめて必要とされるものです。したがって、基準として厳密でなければならないことになります。その厳密さによって、国は国民にどこまで命令できるのか、どんなばあいに処罰できるのか、国民の間の利害関係はどのように調節されるのかがはっきりするのです。

例をあげてみましょう。民法は、出生について、「私権ノ享有ハ出生ニ始マル」（第一条ノ三）と規定しています。人間が生れたか生れないかは、権利関係に大きな影響を及ぼします。たとえば、胎児は生きて生れたばあいには、胎児時代から相続人としての資格を認められますから、生れてすぐ死んでも、胎児の間に死亡した父の相続人として一たん財産相続をし、さらに死亡することによってその赤ちゃんについて相続が行われるということになります。したがって、生れたか生れないかは、相続に大きな影響を及ぼすのです。このばあい、出生の時期が重大となります。通常、民法の分野では、出生の時期は、胎児が母体から完全に分離したときとされていますから、この時に生きていれば出生であり、死んで生れた死産と厳密に区別されます。

もっとも刑法では、胎児の生命を守るという立場から、母体から一部胎児が露出すればすでに出生とみております。したがって、そのときに胎児の生命を奪えば殺人罪となりますし、それ以前であれば堕胎罪に問われることになります。

このように、民法と刑法とで法律の目標がちがいますから、出生の時期について差がありますが、出生であるかないかについては、厳密な違いを設けているという点では共通です。

法律の文章

文章についても、意味をはっきりさせる必要から、日常の文章とはやや異なった用語の使い方をすることがあります。たとえば、裁判所法には、「第七条第二号の抗告を除いて、地方裁判所及び家庭裁判所の決定及び命令並びに簡易裁判所の刑事に関する決定及び命令に対する抗告」（第一六条二号、傍点筆者）という規定があります。これは、高等裁判所の裁判権に関する規定の一部ですが、「及び」と「並びに」ということばの使い方にご注意下さい。両方とも同じじゃないかと思われるかもしれません。たしかに両方とも、ものを並べるときに使うのですが、性質の近いものを並べて固まりを作るときに「及び」を使い、性質のちがう固まりをつなぐときに「並びに」を使っているのが右の文章です。小さなつなぎが「及び」で、大きなつなぎが「並びに」だと言っても良いでしょう。同様に、選択的にものを並べるばあいの、「若しくは」と「又は」ということばについても、小さな選択的並び方に「若しくは」を使い、大きな選択的並べ方に「又は」を使うのが慣用となっています。したがって、法文を読むときに、そのつもりで読めば、意味がよりよく分るでしょう。もっとも例外もありますからご注意下さい。

いま一つ例をあげてみましょう。この頃、サラ金問題で、高い利息が問題となっていますが、関係法律に「利息制限法」と、「出資の受入れ、預り金及び金利等の取締りに関する法律」（略称、出資法）とがあります。

利息制限法の第一条第一項では、法律上許される利率として、元本が一〇万円未満のばあいは年二割、一〇万円以上一〇〇万円未満のばあいは年一割八分、一〇〇万円以上のばあいは年一割五分ときめられています。さらに、契約で定められた利息が、右の利率によって計算した金額をこえるときは、超過部分は無効とするときめられています。そこで、「未満」、「以上」、「こえる」ということばが問題となります。一〇万円未満というのは、一〇万円よりも少ない金額をさすわけで、一〇万円以下とは区別されます。一〇万円以下のばあいは、一〇万円をふくめて下の金額だからです。一〇〇万円以上といういばあいは、一〇〇万円をふくめて上の金額ですが、一〇〇万円をこえるといえば、一〇〇万円をふくまず上の金額をさします。出資法の五条では、年に一〇九・五％（うるう年については年一〇九・八％）、一日当りにすると〇・三％をこえる割合による利息や賠償額の契約をしたり、利息や賠償を受けとったときは、三年以下の懲役若しくは三〇万円以下の罰金、又はその両方を科せられることが規定されています（一九八三年と一九九九年の改正について、末尾の（注）参照）。このように、「以上」「以下」「未満」「こえる」ということばは、大変まぎらわしいのですが、事柄の境目をきちんとするために、使い分けられているのです。

しかし皆さんには、きっと次のような疑問が生じるでしょう。法律できめられた利率に、利息制限法と出資法と線が二重になっており、しかも違反に対する措置が大変ちがっているのですから、国は一体利息の制限についてどう考えているのか分らないという疑問です。出資法の利率の制限は、刑事的な罰則を伴っていますから、大変きびしいものですが、しかし高い利息を認めています。利息制限法の利率は、銀行や郵便局の預金の利率からみれば高いですが、出資法とくらべればずっと低いところで抑えられています。問題は、利息制限法と出資法との間です。先ほど言いましたように、利息が、利息制限法の定める利率をこえると、その部分、つまり超過利息は無効だとされています。しかし利息制限法の第一条第二項は、お金を借りた人が、この超過利息を「任意に支払ったとき」は、返還を請求することはできないとしています。これはおかしな話だと皆さんは思われるでしょう。いわば利息制限法の利率と出資法の利率との間は、貸し手と借り手の力関係できまるものとなっているのです。そこには、それなりの主張もあるのですが、しかしまさに「サラ金」は、ここに成立しているのです。この点に関連して、最高裁の判決が一定の解決策を用意し、サラ金に関する立法の動きがあることは後で述べることに致します。しかしそれにしても、一方では、法律はきわめて厳密に作られているにもかかわらず、他方では意外に抜け穴のようなものができているということも事実です。この抜け穴のために、どれほど困っている人があるか、「サラ金」の犠牲者のことを考えても明らかであります。さきほどご紹介した女子大生のように、「専門家に任せておいては危い」という見方がでてくるのも、一応もっともだと思います。法律の分りにくさが、市民の権利を守るために厳密さを要求することからくると言いましたが、このように尻抜けになっては仕方がありません。まして、分りにくさのために、尻抜けが隠されるようなことがあってはなりません。日常のことばを、もっときたえる必要があるというのも、この尻抜けを見抜く眼力をつけて頂きたいということでもあります。

3　日本の法律用語の特殊性

外国の法律制度の導入

このような法律上の用語のむずかしさには、近代日本特有の事情もあります。つまり、日本の法律用語には、外国生れのものが多いということです。ご承知のように、明治以後の日本は急速な近代化を必要としました。徳川幕府が列強と結んだ不平等条約は、日本を植民地化の危機に陥れておりました。列強による圧力、いわゆる外圧を排除するためには、列強と同じ近代的な社会を作りあげなければなりません。その手段の重要な一つが、近代的な法律制度、それを運用するための近代的な司法制度を作りあげることでした。また、列強自体、条約改正の条件としてこの二つを挙げていたのです。

そこで明治政府は、大変な努力をして、明治二〇年代から三〇年代の初めにかけて、大日本帝国憲法を頂点とする近代的な法体系と司法制度を作りあげることに成功しました。維新後わずか三〇年です。戦後を考えてみましても、敗戦後すでに三七年ですから、この三〇年間というものがいかに急激な発展の時期だったかがわかります（利谷「近代法体系の成立」『岩波講座日本歴史・近代17』一九七六年）。

このような短期間で厖大な制度を作りあげたのですから、無理を伴ったことは当然です。しかし多くの人々の血のにじむような努力があったことも確かです。外国の法律の制度を導入することをよく「法の継受」と呼びますが、それは、それほど簡単なことではありません。法律上の用語の翻訳一つとっても、両方の国の社会関係の相違によって、大きな困難を伴います。近代日本の法制度の形成過程の経過を短い時間でお話することは大変むずかしいので、当時この作業について大きな役割を果した箕作麟祥《みつくりりんしょう》（一八四六—九七）の講演を引用して、当時の状況を察して頂きたいと思います。

箕作家の家系は、箕作阮甫《げんぽ》など有名な蘭学者を出した立派な家系でありますが、箕作麟祥は、明治初年以来、フランス法の翻訳を初め、各種の法律案の起草など、近代日本の法制度の形成になくてはならない人でした。大槻文彦『箕作麟祥君伝』（一九〇七年、丸善）の中に、彼が明治二〇（一八八七）年、明治法律学校（現在の明治大学）において行った学生に対する講演が出ております。それを見ると、明治初年のフランス法の翻訳や法典編さんがどのようにしてなされたかがよくわかるので、少し長いのですが引用してみます。

「明治二年に、明治政府から『フランス』の刑法を翻訳《ほんやく》しろと云ふ命令が下りました、（其時分は大学南校といふ所に勤めて居りました、）〔つまり現在の東大の前身です。〕そんな翻訳を言付けられても、ちっとも分りませんだった、尤《もっと》も、全く分らぬでも無いが、先づ分らぬ方でありましたが、どうかして翻訳したいと思ふので、翻訳にかゝったことはかゝりましたところが、註解書もなければ、字引もなく、教師もないと云ふやうな訳で、実に五里霧中でありましたが、間違ひなりに、先づ分るまゝを書きました。其後、続いて民法、商法、訴訟法、治罪法、憲法などを訳しましたが、誠に、朦朧《もうろう》としたことで、翻訳をしました。諸君も、御承知でございませうが、それを、文部省で木版に彫りまして、美濃判の大きな間違ひだらけの本を拵《こしら》へました。〔こういうところ大変正直率直な方ですね。〕基本は実に、分らないことだらけでありました。また、分っても、翻訳語が無いので困りました。権利だの、義務だのと云ふ語は、今日では、あなた方は、訳《わけ》のない語だと思ってお出でゝありませうが、私が翻訳書に使ったのが、大奮発なのでございます。併し、何も私が発明したと云ふのでは無いから、専売特許は得はしませぬ、(喝采、笑) 支那訳の万国公法に「ライト」と「オブリゲーション」と云ふ字を、権利義務と訳してありましたから、それを抜きましたので、何も盗んだのではありませぬ、また、新規に作りましたのは、動産だの、不動産だのと云ふ字で、今日では、政府の布告にもあるやうになりましたが、これを使ふのは、実に非常のことであったのです、(喝采) それから、義務相殺だとか、未必条件だとか云ふような字を作りましたが (一々、申上げかねます) ところが、今日は、それが立派に行はれるやうになりました、(喝采) さういふ塩梅《あんばい》に、実に五里霧中で、翻訳をして居る中に、明治政府は、頻〔頓《とみ》?〕に開明に進み、其翌年、明治三年には、太政官の制度局と云ふ所に、其時、江藤新平と云ふ人が、中弁をやって居りましたが、民法を、二枚か三枚訳すと、すぐ、それを会議にかけると云ふありさまでありました、これは変は変だが、先づ、日本で、民法編纂会の始まりました元祖でござります、(喝采) 其時分、「ドロワ、シビル」と云ふ字を、私が民権と訳しました所が、民に権があると云ふのは、何の事だ、と云ふやうな議論がありまして、私が一生懸命に弁護しましたが、なか〳〵激しい議論がありました、幸に、会長江藤氏が弁明してくれて、やっと済んだ位でありました」(一〇〇―一〇二頁)

法律用語の翻訳

この講演には、いくつもの重要な問題がふくまれておりますが、とくに法律用語の翻訳が、どのような性格をもつものか、ということが語られている点に注目する必要があります。高度に発展した社会を背景に成立したフランスの諸法典の法律用語を日本語に訳そうとしても、それに対応する考え方がありません。まず似たものがあればそれを表現することばをあてますが、全くないばあいには、ことば自体を作らねばなりません。「ドロワ、シビル」を「民権」と訳したのはその例で、現在なら「私権」と訳するところです。しかし、明治政府の役人といえども幕藩体制下では支配階級であったので、市民のもつ権利という観念を理解できなかったわけです（穂積陳重『法窓夜話』岩波文庫）。後に、明治政府の専制的性格に対する運動として、「自由民権運動」が発展していくのはご承知のとおりです。

また右のように翻訳するばあい、漢字が重要な役割を果したことも見逃せません。箕作麟祥の弟子であった黒田綱彦が、これについて次のように述べています。

「『フランス』の刑法を飜《ほん》訳される時には、余ほど困られて、色々の漢学者に聞いて見ても、どうも、漢学者にも、新しい思想と云ふものがないので、先生の話が、一向に通ぜず、かういふ意味の字が欲しいのだが、と言って聞かれても、それに対して、先生を満足せしむる答を為す人がありませぬでした、こゝに、辻士革と云ふ人がありました、この人は、へい〳〵した漢学先生で、妙な人であったが、麟祥先生から、『かういふ意味の字は、』と聞かれると、『それなら、かういふ字では、どうでございませう、』と言って、字の工夫をする、それで、麟祥先生が、飜《ほん》訳をされると、辻士革が目を通すことになりました」（『箕作麟祥君伝』一二〇頁）

このように箕作麟祥は、漢学者の助けを借りながら、新しい法律用語を作っていったわけです。

翻訳の具体例を見てみましょう。フランス民法典（ナポレオン法典とも言います）の第七条を、彼は次のように訳しています。

「民権ヲ行フハ国士《シトワイヤン》(国ノ戸籍中ニ在リテ民権ハ言ヲ待タス政権ヲ行フコトヲ得可キ人民ヲ云）タルノ分限ト相管スルコト無シ但シ国士《シトワイヤン》タルノ分限ハ憲法ニ因テノミ之ヲ得且之ヲ有ス可キモノナリ」（飜訳局述『仏蘭西法律書』明治八年四月）

この条文を、現代風に訳すと次のようになります。

「私権の行使は、市民の資格から独立である。（市民の資格は）憲法的法律にしたがって、取得され、かつ保持される」（稲本洋之助編訳『フランス民法典』第一編、「家」制度研究会プリント版、一九七二年）

両者をくらべてみると、箕作麟祥が事柄の内容をほぼ理解していたことがわかります。現在、「私権」と訳しているところを「民権」と訳したことも、必ずしも誤訳と言い切れない面があります。また今日「市民」と訳していることばに対して、「国士」ということばを作ってあてましたが、これなど大いに苦心したところでしょう。他の人に理解されないことを恐れて、彼は原語を振ガナし、なお彼の理解するところを説明として加えました。『仏蘭西法律書』の「例言」の中で、「書中原名ノ邦語ニ訳シ難キ者或ハ邦語ニ訳スルト雖トモ其義ノ通暁《つうぎょう》ナラサル者ハ初出ノ条ニ於テ嵌註《かんちゅう》ヲ加ヘ以テ之ヲ釈《と》キ」と言っている通りです。

なお、「民権」ということばは、その後明治一六年に出版された司法省蔵版『法律語彙初稾《ごいしょこう》』

でも維持されています。これは、訳語と意味の確定をはかるために作られた一種の法律辞書なのですが、そのドロアシヴィル（Droit civil）の項を引いてみると、「民法」「民権」という訳語があてられ、「平人ノ身体財産幷ニ約束ニ関シテ其平民交互ノ管係及ヒ利益ヲ規則立ル所ノ「ロア」ノ集リヲイフ政府ト其支配ヲ受クル所ノ人民トノ間ノ関係ヲ規則立ル所ノ「ドロア、ピゥブリク」ト対シテ用キルトキハ之ヲ「ドロア、プリヴェ」ト為ス（後略）」と説明しています。

さて箕作麟祥が翻訳したフランス民法をもとにして、日本の民法典編さんの会議が開催されたことは先にも見たとおりです。その最初の成果が、明治四年に成ったと推定されている「民法決議」であります。フランス民法の第七条に当るものは第八条で以下の通りです。

「国人（戸籍ニ列ナリタル者）タル者ハ悉ク民権ヲ有ツコトヲ得ヘシ十七条ヲ参考スヘシ」（石井良助氏蔵「民法決議」、『明治文化全集・法律篇』）

また、明治五年と推定されている「皇国民法仮規則」（東京大学法学部所蔵）では次のようになっています。

「民権ノ行ハル、権ハ政権ノ行ハル、権ニ関スルコト無シ」（第七条）

「各日本人ハ民権ヲ受ク可シ」（第八条）

このように、箕作訳フランス民法が、日本の民法典編さん事業に及ぼした影響はきわめて大きいものがありました。いや箕作麟祥の影響は民法だけに止まるわけではありません。先にも述べましたように、彼は刑法、民法と翻訳の歩を進め、明治六年六月には、その他、フランスの憲法、治罪法、商法、訴訟法と重要な法典全部を翻訳してしまいました。これらをまとめて印刷したのが、先にお話した明治八年四月の『仏蘭西法律書』であったのです。このように、フランスの重要な法典の全部が、ともかくも日本語に訳されたということは大きな意味をもちました。日本の重要な法典が出揃ったのは、前に述べたように明治二〇年代から三〇年代初頭にかけてですが、それまでの間、箕作訳『仏蘭西法律書』は、いわば「条理」として裁判官の判断に影響したようです。単行法の材料としても重要な役割を演じました。さらに行政の参考にもなったことでしょう。もちろん、これを使った人たちが、どれだけ内容を理解しえたかは問題です。もとの意味を離れて、新しく作られた造語の理解から出発し、とんでもない結論を引き出したばあいもあるかも知れません。いずれにしても、為政者たちが、日本の現実から出発しつつも、箕作訳『仏蘭西法律書』やその他の外国法の影響をうけつつ、一定の法制度を作りあげていったことは確かです。法典編さんは、いわばそれらの総括でありました。

法制度と国民生活の遊離

このようにして出来上った日本の法制度について、まず指摘すべきことは、その先行性であります。フランスの諸法典はフランスの社会の近代的発展の結果として生れたものであります。これに対して日本のばあいは、社会の近代的な発展の程度はきわめて低いものでした。明治政府は、外国法の継受による法典を編さんし、それに見合った社会関係を権力的に創り出そうとしたわけです。フランスのばあい、法典はオーダーメイドの洋服のようなものであり、日本のばあいはよく言ってもイージーオーダー、悪くすると寸法のあわない既成服で、体の方を一所懸命に服に合わせなければならないということになりました。

その結果生ずる問題の一つは、法制度と国民生活との遊離、二元化であります。この点について、明治民法起草者の一人梅謙次郎は次のように述べています。

「〔民法を〕西洋ノ学問ヲ土台トシテ作ツタト云フコトハ白状シナケレバナラヌト思ヒマス、又ソレガ当然デアリマス、何故ナラバ日本人ハ従来法律ト云フモノハ動《やや》モスレバ度外視シテ法律ヲ謂《い》フ人間ハ附合ハナイ、人間ガ道徳ヲ謂ハズシテ法律ヲ謂フヤウニナツテハ世ハ末ダト云フヤウナ国柄デアツタ、然《しか》ルニ日本ノ社会ノ有様ガ従来ノ有様トハ変ハツテ法律デ以テ矢張リ支配シナケレバナラヌ、道徳ノ範囲ハ道徳ノ範囲デ存シテ置クニハ相違ナイガ、表面ニ現ハレタ事柄ニ付テ法律デ支配スルト云フコトニナツタ以上ハ、土台ノナイ日本ノ慣習法ヲ土台トスル訳ニハ往キマセヌカラ、ソコデ西洋ノ学問ヲ土台トシテ成ルベク従来ノ慣習ト背馳《はいち》シナイヤウニスルノガ吾吾ノ務メデアラウト思ヒマス」（『法典調査会整理会議事速記録』第二巻）

梅謙次郎によれば、西洋の学問を基礎として成立する法制度と道徳・慣習との二元性を初めから承認し、その上でなるべく法制度が道徳・慣習に反しないようにしようというわけであります。このように、日本の近代的法制度は、国民の生活から出発するというよりも、それから離れたところで国民に対する法規制の手段として作りあげられたものですから、法律と国民との間に、すき間風が吹くことは避けられなかったと言えましょう。この後遺症は、今でも残っていると言わなければなりません。前に述べた女子大生の第一の意見は、このことをはっきりと示しているように思います。

さて、このように、もともと法律と国民生活との間にギャップがありますと、何とかしてそれを埋めなければなりません。また日本のように、外国の影響の下で、急激に変化した国のばあいには、法律と国民生活とのギャップはますます大きくなります。これらのギャップを埋める手段は何かが問題となります。そこには、外国法を継受した国の法律に特有な問題があることにも注意しなければなりません。一般的に言って、外国法を継受した国の法律は、もとの法律、いわゆる母法にくらべて簡単になっています。それは、母法がその国の社会の複雑な状態を反映してこみ入った規定になっているのを整理し、裁判の基準となる部分をより抽象化し、新たな法典を組立てているからです。明治民法もまた、そういう性格をもっています。フランス民法の二二八一条に対し、明治民法は一一四六条にすぎません。注目すべきは、明治民法の起草者たちは、それを自覚的に行い、またそのことに一定の意味を与えていたことです。起草者の一人である穂積陳重は、民法を起草する際、できるだけ概括的にしたと言っています。その理由は、そうしておくと、法文の解釈の枠が広くなり、時代の進歩に沿うようにすることができる、ということでした。同じようなことを、憲法の起草者であった伊藤博文も言っています。

法律は、制定当時の社会の事情にあわせて作られています。しかし社会はつねに発展していくので、制定当時に理解された法文の意味内容では、新しい社会にそぐわなくなります。そうかと言って、法律を社会の変化にあわせて迅速に改正していくことは、望ましいことではありますが、決して容易ではありません。民法や商法のように、体系的で大きな法律、すなわち法典のばあいにはとくにそうです。そこに法律の解釈の問題がでてくるのです。法文は変らなくても、その理解を新しい社会状況に合うように変えていけばよいわけです。もちろん、それにも一定の限度があり、余りにも法文の意味から離れた解釈は許されません。そのためにこそ、穂積陳重は、日本の発展の急激さを見越して、法文を硬直で融通《ゆうずう》のきかないものとせず、概括的にして、柔軟な解釈を無理なくできるようにして、法文の改正を必要とするまでの射程距離を長くしたのでした。問題は、柔軟な解釈がどのような方向でなされるかです。国や力のあるものにだけ有利な解釈がまかり通ることになっては、公平を旨とする法律の趣旨にあいません。しかし、もともと国民から遊離していた近代日本の法律については、このような弊害がつよく見られました。柔軟な解釈の結果が、必ずしも、一般の国民の利益になるとは限りませんでした。そうであればあるほど、国民の法律に対する不信は大きくならざるをえません。法律がむずかしくて何が何だかわからない上に、その操作によって思い掛けぬ不利益をうけるというのでは、一般の国民が、法律と裁判には、なるべく関わりあいたくないと考えたのも無理からぬことと言えましょう。この後遺症もまた、現在でも続いていると言わざるをえません。

4　法律用語と判決文の改善

文語体から口語体へ

このように、日本の法律は、二重の意味でむずかしいものでありました。しかし、これに対する改善の努力がまったくなされなかったかというとそうではありません。法文そのものについて、すでに、民法起草者である穂積陳重は、その著『法律進化論』(一九二四年)の中で、「難解の法文は専制の表徴である。平易な法文は民権の保障である」と言っていました。その長男の穂積重遠も有名な民法学者でありましたが、従来文語体で書かれていた法文を口語体に直すことを理想として主張しました。彼は、すでに大正一二年に「口語民法二十箇条」を示してその模範を示し、昭和五年に公刊された吾孫子勝・水谷幸二郎『口語六法・民法篇』を大いに評価しました(穂積重遠『有閑法学』一九六〇年、初版一九三四年、一粒社)。

法律にもとづいて書かれる判決についても、戦前はもちろん文語体で書かれていたばかりでなく、文語文としてもきわめてわかりにくいものが多かったのです。これについても、古くは明治四〇年頃、台湾で口語体の判決を書くことを試みた人があるようですが、昭和四年に有名な裁判官であった三宅正太郎が口語体で刑事判決を書いたのが、一つの伝統を作り出したようであります。同年にはこれも有名な裁判官であった千種達夫が民事判決を口語体で書いています。前に述べた穂積重遠が、法文の口語化ばかりでなく、判決の口語化をも主張していたことは言うまでもありません。彼はその意義について、「判決を口語体で書く最大の実益は、平易で了解し易いということの外に、過不足なく情理を尽し得ることと思う。それが判決としては何より大切なことだ。『夫レ然リ豈《あに》夫レ然ランヤ』式の漢文口調は、ややもすれば読む人を煙に捲くのみならず、書く人自身が文章の綾に眼をくらまされる危険性がある。判決としては最も避くべきところである。判決文は論文ではなく説明なのであって、いわば法廷で言い渡すことばなのだから、『あだかもはなしするごとく』ありたいものだ」と述べています（『有閑法学』）。ここには、父陳重の「平易な法文は民権の保障である」という精神が生きているように思います。

しかし戦前においては、法律はすべて文語体で書かれ、判決も口語体判決は少数に止まりました。法律も判決も、すべて口語で書かれるようになったのは、日本国憲法が口語体で書かれてからのことであります。

日本国憲法が口語体で書かれるに至ったいきさつについては、横田喜三郎「憲法のひらかな口語」（林大・碧海純一『法と日本語』一九八一年、有斐閣）によって明らかです。これによりますと、昭和二一年の三月二〇日頃、近くに住む作家の山本有三氏から招きがあったので行ってみたところ、山本氏は、政府が憲法改正草案要綱を正式の条文に書き直すにあたり、文章やことばを平易にし、国民に親しみやすくするために、法制局から助言を求められたので、法律の専門家である横田氏の意見を聞きたいというわけでした。いろいろ相談したあげく、横田氏は「いっそのこと、ひらかな口語としては、どうでしょうか」と提案し、山本氏の賛同を得るに至りました。そこで、ひらかな口語による憲法草案ができたわけですが、これについては政府部内にも根づよい反対があったようです。しかし結局は、ひらかな口語案が通りました。横田氏はこのことの意義について次のように述べています。

「憲法は、それまで、『国家の大法』として、『不磨の大典』として、荘重なカタカナ文語体で書かれ、一般庶民の近づきがたいものであった。それをひらかな口語という、一般庶民の日常の言葉に書き改めるというのであるから、たしかに革命的というべき大改革であった。しかも、ことは憲法だけにとどまったのではない。ひとたび憲法がひらかな口語に改められると、法律も命令も規則も、ことごとくの法律的文章がすべてカタカナ文語からひらかな口語に改められた。さらに、いっさいの官庁の公文書や裁判所の判決までも、同じように改められた。法律の世界は、実に全面的に、ひらかな口語体へと大変革したのである。」

横田氏は、この改革は形式だけでなく実質的な意味をもつとして、先に述べた穂積陳重のことばを引いているのです。このように、憲法をはじめとするひらかな口語体の採用は、戦後の「民主化」を象徴する重大な出来事であり、私たちは、山本、横田両氏の功績を忘れてはならないと思います。

確かに、文語体には荘重で力強い感じのあることは否定できません。私は、中学生時代に愛読したディッケンズの『二都物語』において、最後の場面で主人公が聖書をひいて言うことばを今でもよく覚えております。古い訳ですから文語体で、「我は蘇《よみが》えりなり、命なり、我を信ずる者は死すとも死せず」というのです。これが口語体だと、「私は蘇りです、命です。私を信ずる人は死んでも死にません」となるかも知れませんが、どうも文語体の方が恰好《かっこう》がいい。しかし法律は、恰好がいいことも必要ですが、それ以上に、国民によくわかるということが必要です。判決についても全く同じことが言えます。その意味では、ことばと法律との関係は、日本国憲法のひらかな口語化によって、飛躍的な前進をとげたのでした。

法令用語の五つの病気

しかし、これで問題が片づいたわけではありません。ひらかな口語体で書かれるようになった法文や判決が、くり返し述べているように、必ずしも国民にとってわかりやすいものになったとは言えないからです。この点について、言語学者の大久保忠利氏の批判には耳を傾けるべきものが多いと思います。

まず、大久保氏の法令用語への批判の方から見ることにしましょう(同「法令用語を診断すれば──構文法から見た法律文章のわかりにくさの分析」『法学セミナー』三五号、一九五九年)。

大久保氏は、法令用語について、五つの病気をあげています。第一は「長文病」です。たしかに、一つの文章で一〇〇〇字をこえるものさえあります。それもただ長いだけでなく、カッコ書きの挿入もありますから、私たちでも一読して理解できるというわけにはいきません。一般の方なら、ため息をついて読むのをやめたとしても無理もありません。第二は「修飾語句長すぎ病」です。大久保氏は、修飾語が三五字もあってわかりにくく、どこにかかるのかも不明確である例をあげていますが、これには私たちも悩まされます。第三は「主述はなれ病」です。主語と述語との間に、多くの文章がはさみこまれていて、きわめて複雑な文章になることをさしています。第四は「省略文素無意識病」です。日本語は、主語や動作のおよぶ客体を示すことばを省略するばあいがあり、その方が、日本語としてはくどくなくてよいのですが、これに対して無意識だと、主語や客体が不明瞭になり、あいまいな法文になるわけです。あいまいな文章は、国民の人権の保障には不都合であることを大久保氏は警告しています。第五は「条件文のやたらはさみこみ病」です。「何々するならば」という文章が入ってくると、文章を読んでも、すっと頭に入ってこないというのです。大久保氏は、このような病気にかかった法文を、書き直して見せてくれていますが、確かにわかりよくなっています。法文を読む国民の身になって作れば、少なくとも、もう少しわかりやすい法律ができるということを、大久保氏は主張しているのです。

つぎに、大久保氏の判決の文章に対する批判をみることにしましょう（同「判決文の『つづり方教室』―判決文はわかりやすく書く必要はないものか」『法学セミナー』三八号、一九五九年）。

大久保氏は、まず、法令用語に関する病気は全部判決文にも見事にあてはまると言い、一つの文章が四〇〇〇字にのぼる「ケタ外れ長文病」にかかった判決文の例をあげています。これら以外の判決文の病気として、以下の四つがあげられています。第一が、「全体の整理不十分病」です。第二が「『結論』なかなか示されず病」です。私のお話も、そう言われると困ると思って、今日は結論を最初に申し上げた次第です。第三が、「『準直接話法的引用文』がどこからどこまでか予告されない病」です。たしかに判決の中には、カッコをつけないで証言などを引くものがあるので、一体どこまでがある人の証言なのかを知るのに、気をつかうことも少なくありません。第四は「その段落に何が出てくるかの予告なし病」である。読み終るまで何が書いてあるのかわからないというのであります。

ともかく、大久保氏にかぎらず、判決文の評判は決してよくありません。岩淵悦太郎『悪文』（一九六〇年、日本評論社）にも、「優秀な悪文」のチャンピオンとして判決文があげられています。

大久保氏の批判については、裁判官も耳を傾けて、聴くべき点はこれを容れたようであります。先に述べたように、昭和四年に民事の口語判決を書いた千種達夫裁判官は、「判決文の自己診断」（『法学セミナー』四〇号、一九五九年）を書き、病気の一つとして「丁寧すぎ病」をつけ加えています。つまり、もっと判決文を簡潔に書くことによって、もっとわかりやすい判決になるというわけです。また中野次雄裁判官も、「判決の文章」（林・碧海『法と日本語』）という論文において、大久保氏の批判をもとに、最近の判決文のあり方を反省し、「判決の悪文病は今は非常によくなってきているといってよい。が、それで安心してしまうわけにもいかないであろう。なお一層の研究と工夫とを期待しておきたい」と述べています。

確かに最近の判決には改善のあとが見えます。そして、さらに一層国民にとってわかりやすいものになることを期待したいものです。しかし法文の方は、残念ながら、それほどの改善は見えないような気がします。したがって、より一層の努力を希望したいわけですが、この点では、太田良一郎氏の『官庁ことば診断』（一九八一年、ぎょうせい）が参考になると思います。

5　日常のことばと法律用語の関係

なぜ法律用語はわかりにくいか

最後の問題は、法文や判決の文章が、私たちにわかりやすくならない原因は何かということです。私は、結局は一般国民が、本当にそれを要求しなかったからだと思うのです。確かに、法文や判決の文章をやさしくしようという努力はありましたし、戦後はとくに格段の進歩がありました。しかし、法律を作り適用する側が、その影響をうける一般国民に対して、その中身をわかりやすく説明するのに、必死で努力しなければならない立場に立たされたことはまだない、と言ってよいと思います。たとえば、陪審裁判のばあいには、検察官も弁護人も、陪審員にわかってもらうために力の限りやさしく説明しなければなりません。しかし、戦後の司法制度改革の中で、昭和一八年に停止された陪審制度は復活せず、今日に至っています。現在の裁判ですと、検察官や弁護人は、同じ法律家である裁判官の説得に全力をあげるのです。一般の行政の場でも同じようなことが言えます。行政上の取り扱いを国民に親切に説明する役所は、まだ多いとは言えません。その原因をさぐっていくと、国民へのサービス精神に乏しい国の制度にも大きな問題があることは言うまでもありませんが、つきつめればそれをそのままにしている国民の側に究極的な責任がありそうです。さらにその底には、法制度と国民生活の遊離という日本の近代化の根本的な問題点があります。梅謙次郎が、明治民法を作るにあたって述べたことばを先に引用しましたが、それはまだ部分的には生きています。「法律ヲ謂《い》フ人間ハ附合ハナイ、人間ガ道徳ヲ謂ハズシテ法律ヲ謂フヤウニナッテハ世ハ末ダ」というところです。現在でも、一般の方々が法律問題に出くわすのはよくよくのことです。まだ「義理人情」の支配する部分が、人間関係の中につよく残っています。

国民生活と法制度

しかし社会関係が複雑になってくると、人々の利害関係が直接にぶつかりあう場面が多くなり、紛争の発生も増加してきます。そして日常生活の紛争が、日常的な協議で解決されなくなったとき、私たちは重い腰をあげて、各種の相談機関に相談したり、弁護士の門を叩いたり、裁判所に訴えたりすることになります。今はまさに、このような状況が全国的に広がりつつある過渡期にあるようです。それだけに、一般の国民の皆さんと法制度との間に、重苦しい緊張関係があるように思われます。一般の方々が、相談機関や弁護士、裁判所に頼ろうとしたとき、それらが自分の言い分を十分に聞いて理解し、これに応じて適切な処置をとってくれるかどうかについて、多くの人々は決して満足してはおりません。

ここには、次の三つの問題があるように思います。第一は、一般の方々が、相談の相手に対して、紛争の問題点と内容を十分に伝えることばをもっているかということです。これは、体の調子が悪くなってお医者さんにかかるときと似た面があります。患者はお医者さんに体の状況を的確に伝えなければなりません。赤ちゃんのばあいは、親がこれを代行するわけです。それには、自分や赤ちゃんの状況を、日頃から的確につかんでおり、おかしいと思えば早目に相談して、これを伝えることが必要です。そうでないと、お医者さんは適切な診断をすることができません。日常の紛争を法的に解決するために相談するばあいも同様です。紛争がおきて困ったとき、いたずらに感情的にならず、状況を冷静・正確につかんで、早目に相談の相手方に伝えねばなりません。たとえば、最近訪問販売についてさまざまな問題が起きて、消費者センターなどにはたくさんの相談が寄せられているようです。販売員の巧妙な説明につりこまれて約款も読まずに契約書に印を押し、あとで、考えていたこととちがうので途方にくれた例などは典型的なものです。印を押すときは「ほんの形式」と言われたのに、履行のときには厳しく督促されるという状況に、従来の契約観念でついて行けないのも無理はありません。多くの人は、消費者センターの相談員に、事態を冷静・正確に伝えることがむずかしいようです。国民生活センターの方のお話では、このような出来事にぶつかった人々が二つの種類に分かれていくといいます。一つは契約なんかもうこりごりで、これからは一切タッチしたくないという人、いま一つは、これにこりて、むしろ契約についてうんと勉強し、契約に強くなって行く人です。とくに消費者問題の苦情処理にあたる消費者センターの相談員の方々の法意識の高まりには、目をみはるものがあるそうです。問題の実状をふまえた相談員の鋭い質問には、講師の法律学者の皆さんもたじたじとなると聞きました。このような方向を伸ばす必要があります。

第二の問題は、相談をうけたり、訴えを処理する側に、事態を十分に理解し、これを解決する力と用意が十分にあるかという問題です。従来の狭い法律の枠の中に止まっていては、激動する社会関係の理解すら覚束ないでしょう。外国生れの法律上の用語の、それも昔からの内容にしがみついていたのでは、現実との対話はとても望めません。具体的な紛争とそれを支える社会的現実とから出発し、これに適切な解決を与えるにはどうしたらよいかを考え、従来の法的な用語や理論を再検討するという柔軟な態度が法律家の側に必要です。そうでないと、現実の問題は、とても法律家の手にあまり、法制度の傍をすりぬけていってしまいます。しかしここでも大切なことは、一般の方々が、法律家に問題点と内容を十分に伝える力を持っていただくことではないかと思います。いわば、法律家をその身になって考えるように追いこむことです。そして、その言い分の正しさをのみこませることです。そうすれば、法律家の側も、その言い分をどのように法律的に表現すれば、現在の法制度上通用するかを考えざるをえなくなります。裁判はこうして発展するでしょう。

第三は、いかに法律家が努力したとしても、現在の法制度上、問題の解決にとって限界があるばあいにはどうすればよいかという問題です。裁判も一種の立法としての性質をもち、法制度をある程度変える機能を発揮します。たとえば、前にあげた利息制限法のところを思い出して下さい。利息制限法と出資法の制限利息の中間領域の規制があいまいで、高利のサラ金の入りこむ余地のあることは、すでにお話したとおりです。この中間領域に手をつけたのは、最高裁の判決でした。前にも述べましたように、利息制限法の第一条は、利率の限度をきめ、その超過利息を無効だとしながら（一項）、借り手が「任意に支払ったとき」は、返してくれとは言えない（二項）と規定しました。この規定の理解をめぐって、最高裁の判決は変遷をたどります。昭和三九（一九六四）年六月一三日の判決は、超過利息は、裁判上無効なだけで、貸手と借手との間では有効であると考えました。貸手は、超過利息を裁判に訴えて借手からとることはできないが、本来は有効なのだから、借手が「任意に支払ったとき」に返す必要がないのは当然だというわけです。しかし、これではせっかく借手を保護するために、利息制限法を作った意味がありません。そこで昭和三九年一一月一八日の最高裁判決は、前の判決をくつがえし、超過利息は、貸手と借手の間でも無効と考えました。そうしますと、借手として払いすぎた超過利息は、元金が残っていればその返済にあてることができることになります。元金が残っていないばあいには仕方がありませんが、借手の保護は大きく進んだのです。元金が残っていないばあいにも、払いすぎた超過利息を返してくれと言えるとよいのですが、「任意に支払ったとき」には返せとは言えないという法文があるので、判決は元金が残っているときの保護の線で立ち止ったのでした。ここからは、本来立法に残された分野です。しかし立法は何もしませんでした。ついに最高裁は、昭和四三年一一月一三日の大法廷判決によって、前回の判決の線をこえました。利息制限法より高い利息を、制限利息で計算して元金がなくなったあとも利息を払っていたばあいは、超過利息の返還を請求できるとしたのです。いわば利息制限法の精神から、法文を超越して解釈したのです。このばあいは、最高裁を強引だと言って責めるより、むしろ立法の怠慢を責めるべきであります。現在、ようやくサラ金規制法が問題となっておりますが、最高裁判決よりも生ぬるい線をとる方向が出されているのは遺憾であります。(注)立法は、裁判がぎりぎりの線まで進めたものをリレーして、より適切な措置を安定させる点にその役割があると思うからです。立法は、国民の代表が構成する国会によってなされます。現行の制度の限界を改善するためにも、一般の国民が、法律について理解し、その言い分を申し立てることが大切だと言うことが分ります。

以上の三つの問題は、このようにして見てくると、一般国民が法律に対してどのような態度をとるべきかということに帰着します。その点に関して、改めて私がここで強調しておきたいのは、日常のことばと、法律上の用語や文章との重要な関係です。この両者は、つねに密接に交流しなければならないはずです。変化する社会を生き生きと写し出し、そこに生きる人々の必要を伝えるのは日常のことばであります。私たちは、この日常のことばを、本当に私たちの必要を伝えることのできるものにきたえていかなければなりません。そして、このきたえられた日常のことばをもって、法律上の用語や文章のあり方を問いなおさなければならないのです。日常のことばと、法律上の用語や文章がとくに断絶している日本では、このことは決して容易なことではありません。しかしこれなくしては、日本の法律や判決は、国民の生活から遊離したままで終るにちがいありません。この困難な仕事をすすめることは、誰にまかせておいていいというものではなく、私たち一人一人の課題だと思います。皆様方にもご協力いただきたいと存じます。

(注)　サラ金問題の対策として、一九八三年、出資法が改正され、貸金業規制法が制定されました(サラ金規制法と総称)。出資法の改正は、利息制限法と出資法の制限利率との中間領域(いわゆるグレーゾ

ーン）を縮小するため、貸金業者について上限を年利四〇・〇〇四パーセントに引き下げました。しかし、経過規定をおいて徐々に上限金利を引き下げたため、改善が大幅に遅れました。また貸金業者が義務づけられた書面交付をしている場合には、利息制限法の超過利息の任意の支払いを有効とみなす旨の規定をおきました（四三条）。これは、最高裁判決が折角利息制限法一条二項を実質的に否定したのに対し、あらためてこの規定のテコ入れをしたものです。

サラ金問題はいまでも決して解決はしていませんが、さらに最近は中小企業の運転資金の融資をめぐる商工ローン問題が社会問題化しました。そこで一九九九年末に関係法が改正され、二〇〇〇年六月一日から施行されます。

改正貸金業法では、借り手に保証人がつく場合、保証契約の内容を説明する書面を交付し、根保証契約における追加貸付けの場合もその契約内容を明示する書面を交付しなければなりません。また、貸金業者の肩代わりをした保証業者などにも同種の規制がなされます。改正出資法は、上限を年利二九・二パーセントに引き下げ、グレーゾーンを縮小しましたが、三年後に見直しをすることになっています。以上二法に関する罰則は、かなり強化されました。改正利息制限法は、同法上の債務不履行による損害賠償額を、所定利息の二倍から一・四六倍まで引き下げました。出資改正法により、損害賠償額が出資法の制限を越える場合が出てくるからです。

＊　これは、一九八二年一〇月一六日、東京大学公開講座でお話したもので、『東京大学公開講座37　ことば』（一九八三年、東京大学出版会）に収録されました。これについては、本文にあげたもののほか、幾代通「法律用語と日常語」（『書斎の窓』二一五号、一九七二年）、中村雄二郎「法の実定性と言語」(上)(下)（『思想』一九七六年七・八号）、土屋恵一郎「擬制と法律言語」（『思想』一九七六年八号）、川島武宜「日本人の言語意識と法」（『川島武宜著作集』第四巻、一九八二年、岩波書店）を参考にしました。

2　日本人の法意識

1　日独捕虜比較論

第二次大戦が終ってから、もう四〇年もたちました。時間さえたてば人間が進歩するのならよいのですが、大は核戦争の脅威から小は隣同士のいざこざに至るまで、人間のかかえている問題は、解決するどころかむしろ悪化している観さえあります。四〇年前と現在とくらべて、日本の社会は、そして、それを作っている私たち日本人は、どう変ったのでしょうか。

極限状況下の日本人とドイツ人

まず、第二次大戦直後、南方で捕虜になったある大学の先生から聞いた話をご紹介しましょう。それは日本の捕虜とドイツの捕虜との比較論です。その当時捕虜たちは、わずかな食糧しかもらえませんでした。乏しければこそ公平な分配が必要になります。ドイツの捕虜たちは、まず秤《はかり》を作り、パンの重さを計って公平に分配したそうです。日本側は目分量で、大体同じ大きさに切って分けました。当然過不足があります。強いもの、要領の良いものが大き目のパンを手に入れました。また、鉄道敷設工事での捕虜たちのサボタージュに手を焼いた英軍は、各班ごとに仕事の割当てをし、それが完成すればその班は引き揚げてよいということにしました。そのために、仕事は大変はかどることになったそうです。しかし、体力の強い人が多い班は早く終りますが、そうでない班はおそくなります。ドイツの捕虜は自分たちの班のその日の仕事が完成すると他の班の仕事を手伝い、みんな一緒に帰りましたが、日本側は、仕事が完成した班はそのまま引き揚げたそうです。この話をしてくれた先生は、そのとき日本人についてつくづく考えさせられたと言われました。

敗戦によって捕虜になるというのは、死と直面する一つの極限状態です。そのとき人間はその真価を問われることになるでしょう。しかし、同じ状況に陥ったとき、それへの対処の仕方がドイツ人と日本人とでこれだけ違ったというのです。その背後にある心のあり方の違いが、注目されるところです。

両者の違いは、公平と連帯の精神にあると言えるでしょう。法がその目的とする正義の神様は秤を手にしていますが、それは公平を象徴しています。そして真の法の背後には、人間の連帯がなければなりません。この点から見ると、極限状態にあった日独の捕虜の物語は、法に関する両者の考え方の違いを、とてもよく示していると言えましょう。もちろんこの物語は一例にすぎませんから、これで全体をおしはかることはできません。ドイツ人の間でも弱肉強食的現象はあったでしょう。また、異民族に対するナチスの暴行は周知のところです。しかし、少なくとも仲間うちでは、公平と連帯とを支えるきまり（規範）を、他からの強制ではなく、自分たち自身によって作り出すという傾向が見られたと言えそうに思います。ナチスによる異民族への暴行についても、その責任の所在の追及が、ドイツでは今日でもなお続けられていることにも注意すべきでしょう。したがって、公平と連帯とに加えて責任の観念も、ドイツ人に強い心のあり方として挙げておくべきだと思います。

日本人の心のあり方

捕虜に見られた日本人の心のあり方は、戦後四〇年を経た今日、果して変ったでしょうか。「衣食足りて礼節を知る」ということならば、当時とは比較にならぬ豊かさの中にいる私たちは、公平と連帯と責任の支配する社会を作っていて当然です。しかし、公平の名の下に不公平が行われ、激烈な競争に人々は憂身をやつして他人の足をひっぱりあい、責任の真の所在はあいまいにされ、責任をおしつけられた弱い者が泣きを見るというのが、現代日本社会の姿のように思えてなりません。その意味では、捕虜に見られた日本人の心のあり方は、今でも変わっていないとさえ言えそうです。

このように言うことは、日本人の心のあり方を、すべて駄目なものとして否定するわけではありません。日本人の心のあり方にも、他国民とくらべて良いところもあると思います。たとえば、相手の気持ちを気づかいながら行動するというのは見方によっては他にない美点です。また、狭い範囲の人間関係においては、連帯というより献身的であるばあいがよく見られます。したがって、一定の人間関係が強固に成立して目標が与えられると、その集団は強い力を発揮します。いわゆる「日本的経営」の成功例はそのことをよく示しています。しかし、問題は個人とそれをつつむ殻としての人間関係との間にあります。殻が強固であるのに対して、個人が殻に強く依存し、自分の中にきまり（規範）をもたず自律的でないならば、殻に異変があれば、その中の個人は目標を失い右往左往して危機を生ずるでしょう。また、このような状態では、もともと、殻の枠を越えた広い連帯は成立しないでしょう。そして殻に依存した個人には、責任感が成立しにくいということになります。軍隊の秩序が解体したとき、日本人の捕虜に見られた状況は、このような日本人の心のあり方の弱点によって作り出されたものではないかと思います。そして、現代の日本社会もそのような危険性を内蔵していないとは言えません。その意味では、私たち日本人は戦争直後からあまり変っていないと言えそうです。一見強固に見える「日本的経営」も、その意味では意外な脆弱性を秘めているのかもしれません。

2　日本人の法律観

私が以上で述べた問題は、実は、これまでも多くの学者が論じてきたものです。その意味では古くて新しい問題だと言えましょう。

すでに戦争の真っ最中の昭和一七（一九四二）年に、川島武宜先生は、「自由経済における法と倫理」（『法律時報』）という論文を書かれ、日本人の順法精神について分析されました。当時の国民生活は、強力な戦時体制の下にあり、物資の流通は法令によって厳しく統制され、人々はわずかな配給によって生活を支えなければなりませんでした。そこに発生したのがいわゆる闇《やみ》取引です。飢えと寒さに苦しんだ人々は、統制法令違反をおかして、配給ルート以外から生活必需物資を手に入れることに一生懸命になりました。これは、まことに無理もないことだと言えましょう。しかし法がいともたやすく破られ、それについて罪悪感がほとんど伴わなかったということは、公平と秩序を守ろうとする法の側からすると大問題です。川島先生はその理由を、要するに当時の国家と国民の関係が本当の意味で密接でなかったことに求めました。本来自由主義的な社会においては、一方には自主的な個人と他方にはそれを支持する強固な近代国家があり、それに対応して法が社会をすみずみまで規律するとともに、個人の自発性にもとづく倫理が法を裏打ちしているというのです。したがって、法の実効性は、国家の強制力だけにたよるのではなく、国民の自発的な順法精神によって保たれることになります。ところが、このような国家と国民の関係が成立しなかった戦時中の日本では、強い権力によって強行されたにもかかわらず、統制法令は国民によって順守されなかったと説明されました。

ゆうずうをきかせる

強制されたにもかかわらず守られない法という矛盾を一身に背負った犠牲者こそ、昭和二二（一九四七）年一一月四日、配給だけで生活して栄養失調でなくなった山口判事でしょう。山形道文『われ判事の職にあり』（一九八二年、文藝春秋）を読むと、戦後も続けられた経済統制の下で、生きるためにわずかな闇取引をしなければならなかった無力な市民に対して、峻厳な裁きをしなければならなかった山口判事の苦悩がひしひしと伝わってきます。経済犯を裁くのに、自分が闇をすることはできない、と言って配給以外の食物をとることを拒否した彼の精神は、公平という法の精神に徹したものだと言わなければなりません。

しかし彼の死に対して、当時の世論は決して暖かいものではなかったようです。そして、今でもそうなのです。日本文化会議編『日本人の法意識』（一九七三年、至誠堂）によれば、「終戦直後の食糧難の時代に、法律で禁じられていたヤミ米を食べないでおしとおしたため、栄養失調になり死んでしまった裁判官がいました。あなたはこのような裁判官をどう思いますか」という問いに対して、①「法律を守るものは、そのくらいでなければならない、たいへん立派である」という答えを選んだものが一五・三％、②「いくら法律を守る職業とはいえ、すこしゆうずうがきかなすぎる」が六七・四％、③「死ぬまで法律を守るなどというのは、バカげている」一五・三％となっています。調査者はこの結果について、「要するに、日本人にとって法律とは、きわめて大切なものではあるが、生命を賭けてまで守るべきものでもなく、ゆうずうをきかせてうまく運用すべきものなのである」と言っています。

この調査は昭和四六年七月に行われたのですが、それから五年たった昭和五一年三月に、同種の調査が実施され、日本文化会議編『現代日本人の法意識』（一九八二年、第一法規）で公表されました。この調査結果の分析者の一人である石村善助教授は、日本人の法律に関する考え方を次のようにまとめています。「(回答者の多くにとって)法律は日常生活を送るための道具あるいは潤滑油のようなものとして考えられているといえよう。ぐあいのよい生活にとり不都合ならば、法律の方が適切さを欠くものであって、多少の手心を加えたり融通性をきかせたり、ときには無視することもかまわないメンタリティはこういうところから生ずるのであろう。また、法律以外に有効な手段があるならば(ときには法律より苛酷であり面倒であっても)それを採用するという、ときには寛容ともまた逆に厳粛ともいえる態度(いずれにしても法律は無視されるのだが)がとられることになる。法律を絶対視し不変なものとみる考えはこれらとは無縁である」。

二度の調査に対するそれぞれの意見は、法律に関する日本人の考え方について、ほぼ同じ感じを示しています。それは結局のところ、「ゆうずうをきかせてうまく運用すべきもの」、「法律は日常生活を送るための道具あるいは潤滑油のようなもの」で「多少の手心を加えたり融通性をきかせたり、ときには無視することもかまわない」ということです。この見方は、日本人の法律観を大変よく言いあてています。しかし、そこにひそむ問題点を、もう少し掘り下げてみる必要がありそうです。

ここで「ゆうずうをきかせる」というばあい、二つの意味を区別する必要があります。第一は変化する現実に適応するために、あまり法律を硬直なものとしないということです。大切なのは日常生活だから、ぐあいのよい生活を維持するための手段である法律が、かえって日常生活のしがらみになるのは本末顚倒《てんとう》ということになります。こういう意味のゆうずう性は、決して悪いことではありません。現実対応の柔軟さは、今後も大切なことです。しかしその反面、柔軟さは無原則につながる危険性をもつことに注意しなければなりません。相手の出方を見て自分の態度をきめる臨機応変は、基本的な路線をあやまり、結局は自分自身を見失うことになるばあいがあります。

日本人の法律観のゆうずう性にふくまれている第二の意味は、法律の外在性とでも言いますか、法律が人間の良心と結びついていない外から来たものにすぎないという感覚から生れてきています。それだからこそゆうずうをきかせて、法律が自分にとってうまく使えるときには使うが、都合の悪いときには、すり抜けたり無視したりすることになります。またそうしたところで悪いことをしたとは思わないわけですし、うまくいかなかったら運が悪かったにすぎません。第一回の調査では、家族の中に罪をおかしたものがいるとき、八五％が自首をすすめるという結果がでており、これは順法精神が高いしるしとして理解されています。一面ではそうも言えますが、他面では、あまり事が大きいときには、後難の大きさを恐れて自首をすすめ、寛大な処置を願うという面のあることもまた事実です。これは本当の順法精神とは言えないでしょう。

以上に述べたゆうずう性の二つの意味は、立場の違いにもつながっています。第一の意味のゆうずう性は、法律を作り運用する立場にある人、あるいはそのような人に影響を及ぼすことのできる人にとってのみ現実性をもちます。力のある人は、柔軟な法律の運用の恩恵に浴する機会に恵まれることが往々にしてあります。これが高じると、独裁国のように、国民は法律によって厳重にしばられますが、権力者自身はこれに全くしばられず自由だということになります。そこで法律の影響をもろに受ける側の国民にとって、第二の意味のゆうずう性が問題となります。彼には、法律を作り運用する人に影響を与えることはできません。だから彼が、法律を自分の都合からだけ考えることは避けられません。本来法律は自分とは縁のないところで作られる遠い存在です。かつてテレビに登場した木枯紋次郎のように、「あっしには関わりのないことで」と言えれば言いたいところなのです。しかし、「あなたが法律を忘れても、法律のほうはあなたを忘れない」ということで迫ってきますから、不利益なときはすり抜けることを考え、都合のよいときには利用することになります。

日本人の法律観の特質

以上に見た日本人の法律に対する考え方は、日本の法律の性格をよく反映していると思います。本来、法律によって秩序が保たれるということの意義は、それが単なる力の支配ではないということにあります。法律は確かに国家の力によって強制されますが、それは万人に平等に適用されなければなりません。また国家が強制する仕方も法律によって限定されています。その意味では、法律は国家や強いものに制約を加えるものであり、公平の実現を通じて社会の秩序を保とうとするものです。したがって、法律はだれに対しても、どの場所においても通用する公平な尺度でなければなりません。

しかし、現実の法律はどうもそうはなっていないようです。法律の影響をもろに受ける立場の人々が、法律とはなるべく無縁でいたいと考えるのがそのなによりの証拠でしょう。法律に関する学問に携わっているものにとって、法律と聞いただけで拒絶反応を示す人々を見ることは、何ともやり切れない感じです。まだまだそれが日本の大勢だということを認めなければなりません。人々は、日常生活がぐあいよく動くことをのぞみ、そのことから法律がゆうずうのきくことを求めます。それは、利益になる制度は利用し、不利益な制度からはすり抜けようとする消極的な態度です。人々の要求を積極的にみたすように、法律が作られ、運用が改善されるということがなかなか実現しない現状では、それも無理のないことだと思います。しかし、このような法律に対する消極的な態度が、法律を作り運用する人々、さらにこの人々に影響を与える人々に、法律のゆうずう性を濫用する機会を与える結果になることに注意しなければなりません。国家や強いものに制約を加え、公平の実現をはかるための手段である法律が、このゆうずう性によって、すっかり骨抜きになってしまうのです。

そのよい例が戦時経済統制でした。それは、物資を戦争のために動員する手段ではありましたが、その下でも、乏しい生活物資をみんなに公平に分けるための手段でもあったはずです。しかし現実は、力のあるものがかえって統制によって利益を得たり、不自由な生活を送らなくてもすんだのです。戦後も続いた統制の下でも同様でした。山口判事の事件は、裁判という強い権力の行使者が、自分の裁判において基準とした法律を、自分自身の生活に適用したものでした。彼はそれによって、法律の公平を貫いたのです。この事件の悲劇性は、彼の行動が、当時の、いや現在でも、日本の社会においては孤立どころか異質であるという点にあるでしょう。

日本の法律が、そして日本人の法律に対する考え方は、どうして以上に述べたようなものになったのでしょうか。これについては、どうしても、日本の近代化の歴史にまでさかのぼってみる必要があります。

3 近代日本法の発展と特質

近代的法制度の整備

日本の近代化が、列強の外圧の下で急速に推進されたことはよく知られています。明治二〇年代の初頭には、大日本帝国憲法ができて、一応立憲政体が整いました。そして、日清戦争を経過した明治三〇年代初頭には、民法や商法も制定されて近代的な法体系ができ上がりました。これは全く驚くべき速さだと言わなければなりません。そこには、徳川幕府によって列強と結ばれた不平等条約を改正し、列強と同じ立場に立ちたいという強い動機が働いていました。不平等条約の二つの柱は治外法権と関税自主権の喪失ですが、列強は治外法権撤廃の前提として、近代的な法体系と司法制度の樹立を要求したからです。

このように急速に近代的な法体系を作り上げるためには、社会の発展に伴い、それに即して法律を作るという手続をふむことができません。明治政府は、発展した先進国の社会にあわせて作られた先進国の憲法典、民法典、商法典、刑法典など、多くの法典を取り入れることによってこの仕事をなしとげました。これを「法の継受」と呼びますが、はじめはフランスの影響が強く、のちに次第にドイツの影響が強くなっていきました。また、産業を興すための各種の特別法にも、先進国の法律の影響が強く見られます。したがって、日本の法律は、国民の生活から出発するというよりも、そこから離れたところで、新しい社会関係を国家の政策によって作り出すための手段として作られたと言ってよいでしょう。そのため、国民と法律との間にはすき間風が吹き、法律は、国家や、国家によって育成された実業家や地主を制約するというよりも、その活動を支えるという性格が前面に出ることになりました。ここに国民生活と法律との二元化が生じました。

この点に関連して、前にもふれたように（一五七頁）、梅謙次郎博士が、「日本ノ社会ノ有様ガ従来ノ有様トハ変ハッテ法律デ以テ矢張リ支配シナケレバナラヌ、道徳ノ範囲ハ道徳ノ範囲デ存シテ置クニハ相違ナイガ、表面ニ現ハレタ事柄ニ付テ法律デ支配スル」と述べていることが思い出されます。この発言は、民法だけではなく他の法律分野にもほぼあてはまると言ってよいでしょう。従来の道徳や慣習はなるべくそのままにしておいて、それとなるべく適合する形で別に近代的な法制度を作ろうというわけです。それは古い道路の交通渋滞を一応そのままにしておいて、その上のほうに高速道路を建設するのによく似ています。古い道路を拡幅して道路条件を根本的に良くするよりは、このほうが早いし簡単です。もちろん、それだって容易ではありません。高速道路の建設をし、それを運用する力が必要です。その点、徳川時代の社会は、近代的な発展の萌芽を不十分ながらもっていました。また士族階級を中心とした高い知的水準は、近代文明の吸収を可能とするものとなっていました。これらが基盤となり、集中された国家権力の強力な推進によって、背のびをして作られたのが近代的な法制度だったのです。

近代日本法の基本的性格

日本の近代的な法制度形成のもっとも基本的な性格は、国際的には先進国の「後追い」ですが、国内的には「先取り」であったことです。第一次大戦後、はじめて本格的な政党内閣を組織した原敬は、大戦によって急激に変化した社会構造に対応する法制度の再編成のために、臨時法制審議会を作りました。そのとき彼は、その総裁穂積陳重、副総裁平沼麒《き》一郎に対して、「維新已《い》来我先輩の尽力にて何事も政府は一歩先に進み改良をなし来れり、故に余も此趣旨を取るべし、人民より迫られて始て処置を取る様にては国家の為めに憂ふべき事なり」と述べたということです（『原敬日記』五巻・大正八年七月一〇日）。このように先へ先へと手を打つことは、先進国の経験の精髄である法制度を入れることによって可能となりました。

しかし問題は、先進国の法制度の魂を入れることはむしろ回避されたということです。先進国のばあい、旧制度を破って新しい近代的な制度を作り上げるためには、大変大きな国民のエネルギーが必要でした。旧制度に代わる新しい制度を模索したフランスの啓蒙思想家たちの努力や、それに導かれて、自由・平等・博愛の理念の下に遂行されたフランス革命は、新しい近代的な社会を作り出す上に、旧制度の壁がいかに厚いものであったかを示しています。もちろん、その後にできた法制度が市民革命の理念からは保守化していることは確かです。しかし、それはやはりその魂を残していたことも事実です。近代日本の法制度は、その点をできるだけ除こうと努力したのです。このことは、明治二〇年代の半ばに行われた法典論争においてはっきりと見てとれます。

その重要な論点の一つは、明治二二（一八八九）年の大日本帝国憲法を頂点とする法体系を貫く考え方の統一にあったと言ってもよいでしょう。フランス民法典の影響を強く受けた旧民法を施行するかしないかが争われた貴族院において、加藤弘之は、まず「憲法の精神は凡《すべ》て日本人の権利は公権なり私権なりの別なく、凡て国家の主権から許し与えられて始て生ずる所のものである」としました。ところが彼によれば、旧民法・旧商法は、「国家の主権と云ふものより前に先づ此の天賦の権利と云ふものを人間が持って居る、其《その》天賦の権利と云ふものを定める所の自然法と云ふものが本になってそれから人民の権利が出て来るものであると云ふことが土台になって出来て居る」のです。そこで彼は、「此憲法と（民・商）法典の此主義が変って居る」ということから、旧民法の実施に反対したのでした（明治二五年五月二六日）。その後、日本の法典編さんはドイツの影響を強く受けることになります。しかし、ドイツの法制度といえども、フランスより保守的であったとは言え、やはり市民革命の影響を受けておりましたし、近代法である以上権利と義務との関係を軸として構成されていました。日本の法制度もまた、その仕組を受け入れざるをえませんでした。

このことに対する反発は、その後も根強く続きました。前に述べた臨時法制審議会において民法が再検討されたとき、扶養の順位・程度・方法については、家事審判所に裁断をまかせるという方向がとられましたが、その底にあった考え方は次のようなものでした。「凡ソ義務ノ反面ニ権利アルハ法律上ノ観念トシテ当然ノ事理ナレドモ扶養ノ事ニ付権利ヲ云為《うんい》スルハ果シテ我国ノ家制上適当ト謂《い》フベキヤ、父母ガ其《そ》ノ子ニ対シテ扶養ヲ受クルノ権利アリト云フハ可ナリ、子ガ父母ニ対シテ扶養ノ権利ヲ行フト謂フハ如何、富メル親族ガ貧者ヲ扶養スルノ義務アリト謂フハ可ナレドモ貧者ガ富者ニ対シ扶養ノ権利アリト唱フルハ醇美《じゅんび》ノ風俗ニ副《そ》ハザルニ非ズヤ、蓋《けだ》シ扶養ノ事ニ付テハ其ノ大綱ヲ定メ、其《そ》ノ権義ニ関スル煩瑣《はんさ》ナル規定ヲ削除シ、家庭(ママ)審判所ヲシテ道義ノ観念ニ基キ適当ニ処理セシムルヲ可トスルニ非ズヤ」。これを見ると、上が下に対して義務があるというのはまだしも、下から上に対して権利を主張することができるということがいかに嫌われているかがよく分かります。そうして見ると、上が下に対して義務を負うというのも、所詮は真の義務ではなく、恩恵として与えるものということに帰着しそうです。

先進国の法制度の魂が、市民の権利を認めるということだとすれば、このように近代日本の法制度はその逆の方向を強く目ざしました。しかしその下で、日本資本主義は急速な発展を遂げました。それは何故かが問題です。これは一つの仮説ですが、一度資本主義の仕組が分かってしまえば、旧制度を破って新たにそれを作り出すよりも、ずっと容易に、古いものを残しつつ資本主義の発展をさせることができるのではないかと思います。いやむしろそのほうが、労働関係の安定を維持することができて、生産力自体の発展は進む可能性があります。もちろん労働者が、資本主義的な労働に適合する能力をもち、働けば報いられるという信念をもって勤勉でなければなりません。そうでないと、資本主義的な労働関係がなり立たず、一定の収入さえあればそれ以上働くのをやめるということだって起ります。しかし、近代日本のばあいは、すでに徳川時代において高かった教育水準が、明治五（一八七二）年の学制によって整備され、かつ全国的に浸透させられて、優秀な労働力を大量に作り出すことに成功しました。また、稲作労働によって、報いられる勤勉さの観念も広くいきわたっていました。そして、強力な外圧のため、旧制度の維持が不可能となるという条件の下で、先見の明のあった支配層の一部が旧制度の再編に成功しました。

こうしてお膳立ては整ったのです。法律を手段として、国家は新しい社会関係の構築を推進しました。国民は与えられた場所で与えられた役割を果しさえすればよいのです。そうすれば万事うまくいくのです。国家の立場からすれば、国民が権利を主張することは、むしろ予定された全体の秩序を破ることになります。ここに国家が国民の権利主張を嫌った理由があります。それが最後にいきついたところが、戦時体制であり経済統制であったと言えるでしょう。日本人の法律に対する考え方は、このような近代日本法の特質によって、大きな影響を受けていたということです。したがって、一般の国民が、法律は自分たちが自ら作るものではなく与えられたものであると考え、これに対して消極的な態度をとったことも無理のないことのように思えてきます。すでに明治一三年、明治維新の元勲の一人井上馨《かおる》は、各種の法律を制定することにより「法律ノ区域ヲ出デズシテ、自由ニ生息優游スベキコトヲ恒《つね》ニ人民ノ脳底ニ感染セシムベシ、斯《かく》ノ如クナレバ、好デ法律外ニ跋扈《ばっこ》スルノ悪習ヲ漸ク除キ得ベク」(「立憲政体に関する建議」)と主張していました。要するに、国民に対してその分をわきまえさせることが国家の法律に期待する一つの大きな役割だったのです。

4 近代日本の道徳と慣習

近代日本の法制度が、先進国の法制度の魂を受け継ぐことをできるだけ回避しようとしたことは、従来の社会関係の特質がその後ももち越されたということを意味します。先に国民生活と法律との二元化ということを言いましたが、国民生活を規律してきた従来の道徳・慣習はどのようなあり方を示したかが問題となります。

忠孝・義理の再編成

この問題は大変むずかしいので、私にも十分な説明をする力がありませんが、さしあたり主従関係・親子関係を規律する道徳規範としての忠孝と、その他の家族関係・社会関係を規律するきまり(規範)としての義理について述べておきたいと思います。

忠孝は恩を受けたことに対する義務です。主君や主人、親から受けた恩が前提になっていますが、恩は山よりも高く海よりも深いというように量を計ることができないほど大きなものとされていますから、報恩もまた無限大にかつ自発的なものとなります。ところで、忠孝の道徳は明治以降の新しい社会関係に適応するように再編成されました。忠は徳川時代の多元的な主従関係におけるものから、国民の存在に究極的な根拠を与えるものとしての天皇への忠に統一化されました。孝は父母が存在を与え養育してくれたことに対する報恩として合理的な根拠を与えられ、自分の存在意義を示す機会とされます。そして、両者はついには忠孝一如として、盾の両面とされるに至るのです（川島武宜『イデオロギーとしての家族制度』一九五八年、岩波書店）。

義理もまた一定の恩恵を前提とするきまり（規範）で、広い意味では忠孝をもふくみますが、一般にはそれ以外の家族関係・社会関係を規律しているきまり（規範）と見るほうが理解しやすいと思います。この意味での義理は、対価関係が無限である忠孝と異なり、ある程度のことをすれば義理を果したことになる点が違います。しかし、問題はその程度が定量化・客観化されていないことです。また義務の強制もはっきりとはその姿を現しません。義理を感じているほうが、自発的に義務を果さなければならないのです。そうでないと義理知らずとして、世間に対して恥をかくことになります（六本佳平「日本人の法行動と基底的な規範観念」国際交流基金編『イスラーム文明と日本文明』一九八一年）。

このようなきまり（規範）が成立するのは、比較的等質で安定した閉鎖的な社会です。そこでは争いが表面化することが好まれず、人々は対決を避けようとします。一度対決に至ってしまうと、全体の秩序が破れ、それを回復することが大変困難となるからです。徳川時代の幕藩体制は、そのようなものとして社会秩序を維持しようと努力したのでした。明治政府も、このようなきまり（規範）を積極的にこわすことはしませんでした。梅謙次郎が言ったように、それにはふれないで、近代的な法制度を作り上げようとしたのです。

国民のエネルギー——解放と鎮静

しかし、従来の道徳や慣習の再編成が、明治以後の社会にすんなりと受け入れられたわけではありません。幕藩体制社会の矛盾は、百姓一揆や打ちこわしなどに見られるように社会秩序を大きくゆり動かし、黒船に象徴される外圧がそれを加速していました。幕藩体制によって抑えられていた人民のエネルギーが、そのたが弱まることによって解放され、新しい秩序を求めて動き出したのです。

このエネルギーを裁判という形で吸収し秩序づけようというのが、明治五年以降の司法制度改革でした。徳川時代には人民相互間の紛争も内済ですませ、なるべく裁判にしないように指導されていました。まして幕府や領主、つまり「お上」を訴えることなど思いもよりませんでした。しかし、司法制度の改革は、地方官に対する行政訴訟の提起を認め、民事訴訟についても、雇用関係から離婚に至るまで広く訴えを起すことを認めました。これによって、行政訴訟・民事訴訟が沢山起こされたことは、前にもふれた通りです（一二—一四頁）。

国家機構のレベルでも、広範な国民の参加を認めようとする運動が起りました。それが明治一〇年代半ばに最高潮に達した自由民権運動でした。これは旧貢租制度を改革した地租改正の過程において、租税を払うからには国政に参加する権利があるということが、国民に自覚されたことに一つの重要な基礎をもっています。すでに述べたように（一六頁）、自由民権運動は、国政参加手段としての国会開設を要求するとともに、いわゆる私擬憲法草案によって、あるべき国家像を提示していました。また国民の基本的人権についても手厚く保障するものとし、自由党系の植木枝盛の日本国々憲桉（明治一四年）では、無制約の言論・出版・集会・結社の自由を規定したばかりでなく、「政府恣《ほしいまま》ニ国憲ニ背キ擅《ほしいまま》ニ人民ノ自由権利ヲ残害シ建国ノ旨趣ヲ妨グルトキハ日本国民ハ之ヲ覆滅シテ新政府ヲ建設スルコトヲ得」として抵抗権まで規定したのでした。

このような動きは決して一部の人々に限られたものではなく、また生活から全く遊離していたわけではありません。私擬憲法草案は、今までに発見されただけでも軽く三〇は超えています。またそれができ上がる過程において、多くの人々の学習と結びついていたことも、すでに述べた通りです（一六頁）。この時期は、幕藩体制から明治憲法体制への過渡期であり、幕藩体制によって押さえつけられていた国民のエネルギーがさまざまな形をとって噴出しました。法に対する考え方も、大きく変わる可能性があったのです。

しかし、すでに明治七年には、いったん許した行政訴訟の道を狭め、民事訴訟についても、明治八年に、まず東京において訴訟の前に勧解（和解の勧告）を経るべきものとし、翌九年には全国一般にこれを広げました。ここには、社会関係の変化によって噴出する国民のエネルギーが、訴訟を通じて権利となっていくことを妨げ、再び従来の道徳や慣習の支配する秩序へと回帰させようとする意図が見てとれます。さらに明治政府は、自由民権運動に対して、一方では容赦ない弾圧を加えるとともに、他方では政府の手による欽《きん》定憲法（天皇の命によって制定された憲法）の制定への道を急いだのでした。そして、この欽定憲法は、私擬憲法草案とは全く異なり、天皇の大権を絶対とし、臣民の基本的人権も法律によって制限のできるものとしたのです。この憲法の下で制定された各種の法律を貫く考え方については前に述べたとおりです。

このような経過をたどって、国民のエネルギーは法制度に反映する通路を失い、萎縮させられてしまったのです。こうして見ると、国民生活と法律との間にすき間風が吹いたのは、単に外国法の継受や急速な近代化のみによるのではなく、もちろんそれもあるとしても、日本の近代化そのもののあり方によるところが大であったということが分かります。したがって、国民生活と法律との間のすき間風と言っても、それは国民生活と法律との間の単純なずれなのではなくて、日本の近代法の建前の面に対する本音の部分が現実化するためのスペースだと見ることもできます。そのことによって、近代的法制度の下で、権利主張をしない社会関係が実現したのです。

5 現代日本人の法意識

「うち」と「そと」

国民と法律との間のすき間風を問題にする機会は、第二次大戦後にもう一度ありました。戦後の民主的改革は、国民のエネルギーを法制度に反映させる通路を保障したはずでした。しかし、二度の法意識調査が示しているように、国民の法律観は依然として変ったとは思えません。また昭和五八年秋の文部省「国民性調査」は、大切な道徳の順に関する回答が、①親孝行、②恩返し、③自由尊重、④権利尊重、となっていることを示しています（『朝日新聞』昭和五九年一一月一七日）。これは、国民の道徳観の中に、自由や権利の意識が強まってきたものの、依然として孝や義理という道徳規範や社会規範が支配的な地位を占めていることを物語っています。もちろんそれらは、かつてと同じ内容をもって存続しているわけではなく、その内容を、状況の変化に適合させせながら、前に述べた日本人の法律観、法律のゆうずう性を支えているものと思われます。

このような考え方の奥底にあるものは、解決すべき問題を、団体の内部関係として処理しようという法観念でしょう。ここで法観念というのは、法制度の現実の作用を枠づけている基礎的なものの考え方をさします（六本佳平「『日本人の法意識』研究概観」日本法社会学会編『法意識の研究』一九八三年、有斐閣）。これこそ日本的な問題の処理の仕方の原型と言ってよいかもしれません。言いかえれば、解決すべき問題を、「そと」に対する「うち」の問題として取りこんでしまうことです。「うち」に取りこめない問題は、解決できないものとして敵対関係として処理されることになるでしょう。欧米人と異なるという日本人の契約観も、この観点からすると説明しやすいでしょう。

ここで、「うち」と「そと」とは何か、ということにふれておく必要があります。「うち」とは、対立関係の存在が本来予定されない親密な人間関係です。家族が典型的なものですが、親族、近隣関係、集落や町内、さらには、自分の所属する職場の小さな単位や職場そのものも、「うち」

として理解されるばあいがあります。「うち」が拡大すればするほど、対立関係の契機が大きくなっていきますから、「うち」としての性質は弱くなっていきます。しかしその外側、すなわち「そと」との関係では、あくまでも「うち」でありつづけます。

このように、「うち」と「そと」とは、流動的な関係にあります。そして、どこまでを「うち」と考えるかによって、問題の処理の仕方も変わってくるわけです。「公」と「私」の観念が、日本で十分に確立していないのは、このような「うち」と「そと」を区別する考え方が強いことにもとづいていると思います。

よく欧米人にとって、契約は、激烈なかけひきの終着駅であるのに対して、日本人にとっての契約は、結論ではなくてむしろ将来にわたる良好な人間関係の出発点に外ならないと言われます。したがって、日本人は、契約を結ぶにあたってまず人間関係を作り上げることに力を入れますから、文言の検討は二の次になります。それどころか、契約書を作ること自体が相手方を対立者と見て信じていないことの現れであるとさえ感じるというのです。したがって、一応は契約書を作っても、それは二つの方向からくずされます。

一つは念書です。それには、契約書本文とは違ったことが書かれることもあります。欧米人が日本人の契約意識を理解できない理由の一つにこの念書の存在があるようです。

もう一つは契約内容を柔軟にしておいて将来の変化に対応できるようにしておこうということです。したがって、日本人にとっては契約にはすべて「事情変更の原則」が前提されているのであり、契約条項が一〇〇条あるとすると、見えない一〇一条があるということになります。それが姿を現したものが、誠意解決条項とか、別途協議条項とか呼ばれるものに外なりません。その契約について何か問題が起れば、誠意をもって話し合って解決しようというわけです。

このような日本的契約が、変動する社会に適合することは言うまでもありません。またその拘束力が弱いということも言えません。星野英一教授は、日本では契約の拘束力が弱いという評価は事実に合致しないこと、問題は、契約という言葉に与えられる意味であって、「両当事者がこの段階（＝人的友好関係）に達すると、彼らは強く義務づけられていると感ずる。ただその義務が相当に柔軟なだけである」と述べています（星野「日本における契約法の変遷」日仏法学会編『日本とフランスの契約観』一九八二年、有斐閣）。私もそうだろうと思います。海外における日本企業の納期の正確さには定評があります。

ところで、以上に述べた日本的契約は、義理の構造と実によく似ています。まさに、義理的に契約を構成していると言ってよいでしょう。契約は一つの団体関係を作るものであり、それによってお互いに対立関係のない「うち」の人間になった以上は、共同の目的である契約目的を進んで実行し、問題が起れば内部的に解決しようということになります。これ自体は、全く否定すべきものではありません。これこそ、「柔構造の日本経済」を支えた一つの要因であったからです。

日本人の問題処理の特質

しかし、団体の内部関係として問題を処理しようという日本人の問題処理の仕方に疑問がないわけではありません。第一は、主体意識が確立しにくいことです。したがって、また責任意識が育たないということです。久枝浩平氏は、その著『契約の社会・黙約の社会——日米にみるビジネス風土』(一九七六年、日経新書)の中で、表面的には不合理に見える日本的な経営方式の背後に、失敗時の安全を確保する上にきわめて優れた「日本的保険機構」、すなわち相互に信頼をもった人間関係のあることを指摘しています。しかもなお、そこでは「人間は不特定多数の集団のなかに埋没してしまい、集団に依存した〝甘え人間〟になりがちである。これがわが国の保険機構の最大の弱点である」と指摘しています。うまくいっているうちはよいのですが、意思決定の過程や協力の仕組、そして責任の所在がはっきりしないために、方向を誤ったり、事態の収拾がおくれたりして破綻を生ずることがあるわけです。

第二は、団体の内部関係として問題を処理するために、社会全体、言いかえれば「うち」と「そと」を貫通するきまり(規範)が成立しにくいことです。いわば「うち」と「そと」とが遮断され、「うち」の問題についてはもちろんのこと、「そと」の問題についても、広い視野からの解決がはかられにくいばあいがでてきます。日本で内部告発が出にくいのは、このような理由によるものでしょう。

最近問題となった「隣人訴訟」とそれをめぐる社会的な反響は、この「うち」と「そと」の問題に関連していますが、両者の間の遮断関係が弱くなったことの反映でもありました。

この事件は買物に行った隣人の幼児が近くの農業用の溜池で溺死したため、一緒に遊んでいた幼児の親が責任を問われたものです。昭和五八年二月二五日の津地裁判決は、親一般の立場からしても、幼児が危険な場所に立ち寄らぬよう適宜の処置をとるべき注意義務があるのにそれに違反したとして相手方の不法行為責任を認めましたが、近隣者の好意から出たこととして義務違反の程度は著しく低いものとし、また本人に対する親の躾《しつけ》の至らないことによる過失相殺を認め、親の責任を七割、相手方の責任を三割としました。それでも相手方は約五三〇万円の損害賠償を払わなければなりません。

ところで、この判決が報道されたあと、死亡した幼児の親の許に数日間にわたり、この人たちをののしる六〇〇本の電話と五五通の手紙や葉書がよせられました。そこでとうとうこの人たちは訴えを取り下げることにしました。そうすると今度は控訴した相手方のほうに、まだやるのかという非難の電話が多数かかり、相手方も結局取下げに同意したのです。結局、津地裁の判決はなかったものとなってしまいました。これについては、四月八日に法務省が、「法治国家体制のもとでの裁判を受ける権利の重要性を再確認し、再びこのような遺憾な事態を招くことがないよう慎重に行動されることを強く訴える」旨の異例の見解表明を行いました。

この事件は私たちに多くのことを考えさせます。「うち」と「そと」とが完全に遮断されていたら、このような訴訟は起らなかったでしょう。また「うち」と「そと」に共通するきまり（規範）が成立していたら、陰険な脅迫がこんな形でなされることもなかったでしょう。星野英一編

『隣人訴訟と法の役割』（一九八四年、有斐閣）は、この問題の共同討議ですが、法律家の間でも、このようなケースについて損害賠償を認めるべきかどうか意見が分かれています。しかし、このような事件を裁判所にもち出すこと自体については、その意義を認める点において一致を見いだしたように思われます。それは結局、「うち」と「そと」を通ずるきまり（規範）を確認する役割は、最終的に裁判所が負うべきものと考えられるからだと思います。しかし、陰険ないやがらせのために、その機会は失われてしまったのです。

ここで注目されるのはこの討議に参加した一般の方が、津地裁判決に異和感を覚えたと言っておられることです。たとえば、このような問題が結局はお金の問題になってしまうこと、他人は三割の責任のために五百何十万円払うのに、七割の責任のある親はどうなるのかなどです。そして「裁判所の判決を読んだ一般の人の声とか、一般の人の思いとの喰い違いは埋めようがない。そんな喰い違いのみんなの声を集めて裁判所へ持っていったらまた裁判が開かれるというような、そんな制度があったらどうかとも考えてみました」と言われています。この言葉は、「うち」と「そと」を貫通するきまり（規範）を裁判所が作るときに、国民の声を聞く必要のあること、すなわち司法に対する国民の参加の問題を示唆しているように思われます。

第三は、利害関係の対立が団体の内部関係として吸収され、内攻するため、真の解決にならないか、あるいは弱いものが損をするばあいがあるということです。これは、義理関係において、義務が定量化・客観化されていないために、義務者の側ではどこまでやれば十分なのか常におどおどしていなければならないことと対応します。

このことは、日本的契約関係においては、契約内容がその時々の事情において調整されることになりますが、この柔軟性は強いほうに有利に働きがちという傾向をもつでしょう。もっとも、そこには、強者の論理とともに弱者の論理も働いているという見方もあります。田中斉治・上野幹夫『契約意識と文章表現』（一九八〇年、東京布井出版）は、「本来赤裸々な対立を嫌う国民性を踏まえて考えれば、強者の立場からは、契約書にわざわざ書かなくとも将来紛争が生ずれば自分の立場は守られるはずで、譲歩するところはその時点で考えればよいという意識が伴う。他方、弱者の立場からは、どうせ書面にすれば自己の弱味だけが書かれ、それが動かしがたいものとなるのであれば、文書化せずにおいて後日泣きを入れることがより容易になるようにしておこうという配慮が働く」と述べています。確かに、そこには日本的な「甘え」の構造が見られますが、しかし弱者の泣きを強者がいれたばあいには、将来もっと大きな恩返しを弱者に対して求める可能性のあることは確かでしょう。

日本的な法律と法観念との関係

このような日本人の問題処理の仕方は、日本人の法律観、法律にゆうずう性を求める考え方と結びつき、それを支えているものだと思われます。ある意味では、近代的な法律制度と日本人の問題処理の仕方とがうまく結びついているとも言えます。しかし、このような日本的な法律と法観念との関係は、法律が公平の守護神であることを妨げ、責任の明確性をあいまいにし、ひいては人間の真の連帯を阻害する要因になるおそれがあります。川島武宜先生が第二次大戦中に提起された問題は、まさにこれであったのです。そしてこの問題は、これまで見たようにいまだに解決されてはおりません。

川島先生は、戦後改革により日本社会が近代化されるならば、この問題は自ら解決されると考えておられたようですが、問題は意外に複雑であり、むしろ高度経済成長の下で、日本的な法律と法観念との関係は拡大再生産されてきた観さえあります。したがって、近代化が進めば、日本のおくれた状況が欧米の状況に近づくといったものではなく、日本の法律と法観念、および両者の結びつきの型は、欧米のそれとは違った一つの型を示すものであるとする理解もあります。私もそれに同感の面もありますが、日本のあり方の形成過程にはそれなりの理由があったことは先に述べたとおりであって、それは歴史的な性質をもつものだと考えています。歴史的に形成されたものは歴史的に変わっていく、と考えるべきでしょう。永遠不変の型と呼べるものではないわけです。もちろんそれは短時間で変るものではありませんが、変っていくことは確かです。

その点において注目されるのは、一九七五年から七八年にかけて行われた京都大学法学部の「紛争処理の過程と機構の総合的研究」の成果であります。そのメンバーであった田中成明教授によれば、法の三大機能である(1)紛争解決、(2)犯罪防止・秩序維持、(3)人権・自由擁護について、どれがもっとも大切かと質問したところ、(3)が四八・八%、(2)が二一・八%、(1)が一三・六%であったということです。田中教授はこの調査結果をふまえつつ、現在の日本人の権利意識の状況について、次のような総括を試みています。「わが国の場合には、とくに戦後の権利意識が、日本国憲法による基本的な人権・自由の保障をきっかけに、それらを中心に高揚・定着してきたという事情もあって、一般の人々の間では、私権がそれ自体として自覚・主張されるよりも、人権・自由と不可分一体のものとして自覚・主張されることが多い。日常生活におけるかなり漠然とした利益の確保・実現の要求まで、権利の問題として、しかも多くの場合、人権問題として意識されており、権利概念が、人権概念を中心に、政治的・道徳的・社会的な拡がりをもって、相当拡散された形で浸透している」（田中「権利意識と法の役割評価」磯村哲先生退官記念論文集『市民法学の形成と展開・下』一九八〇年、有斐閣）。

この指摘は、現在の日本人の法意識、権利意識の現状をよくついていると思います。それは、権利の主張が日常生活の内部では大変に困難であること、主張がなされるばあいは、日常生活から離れた敵対関係の下で行われることを示しています。だからこそ、私権の主張にも憲法をもち出さなければならないのです。「鶏を裂くに牛刀を以てする」という言葉がここにはよくあてはまります。これをもって、日常生活はまだ法的な関係になっていないとか、権利意識が日常化していないと評価することもできます。それほど、まだ「うち」は「そと」から遮断されていると も言えましょう。しかし「うち」のその厚い壁を破る努力がなされていると見ることもできます。そして、従来は飾りものであった憲法や法律の建前を、実際に働くものとして使おうとしているということです。そうなると、法律の本音と結びついてその実際の機能を規定していた法観念にも影響は次第に及んでいくでしょう。日本的な法律と法観念、および両者の結びつきのあり方も変っていく可能性があります。もちろんそれは紆余《うよ》曲折《きょくせつ》の過程を示すでしょう。前に述べた昭和五八年秋の「国民性調査」の結果はそのことを予測させます。しかし、多様な問題をかかえてその解決を模索している多くの国民の努力は、その壁を克服していくものと思われます。

6　結　び

国民がかかえている多様な問題の解決は、なにも法的にだけなされるものではなく、法的解決はそのごく一部にすぎません。しかし法的解決も、それが一般的な効果をもつだけに重要であり、効果的なばあいもあります。そのばあい、国民のかかえている問題と法制度とをつなぐことが必要になります。それがうまくいっていないことも、日常生活の中で法律が機能しなかったり、権利意識が日常化しない一つの原因になっているでしょう。

国民と法制度とをつなげる一つの道は、司法に対する国民の参加です。その方法には大きく分けて陪審制と参審制があります。陪審制は、多くのばあい一二人の素人からなる陪審員が、裁判官と独立に事実認定などを行う制度ですし、参審制度は素人が裁判官となり、職業裁判官と協力して裁判にあたる制度です。世界の多くの国々は、この両者のうちのいずれかを採用し、どちらも採用していない日本はむしろ少数派に属します。

国民が司法に参加することの意味は、単に司法の内部には止まらないでしょう。それは、法律家のあり方を変えるからです。ストライカー『弁護の技術』（古賀正義訳、一九六二年、日本評論社）は、練達の弁護士がエール大学で行った講義ですが、彼は「諸君は事実に対すると同じくらいの感覚を、法に対しても、持たなければならない。それは諸君の一部にならなければならない。そしてそれをいつでもすぐ使えるように、日常の言葉に直さなければならない」と教えています。そうでなければ、素人の陪審員を十分に説得できないからです。しかし、日常の言葉で法を語れる法律家は、本当に素晴らしい法律家です。法律家がこのようなものでなければならなくなる点に、陪審制度の一つの大きな意義があるでしょう。法律家が法を日常の言葉で語るとき、国民は法制度に対する異和感を捨てることができます。そのことは、一般の国民のかかえている問題を本当に法の問題とすることを可能とするでしょう。一般国民と専門家としての法律家との協力関係がここに成立するわけです。このことは、立法にも、また行政のあり方にも大きな影響を与えるに違いありません。

しかし陪審制や参審制がなくても、一般国民と専門家としての法律家との協力関係は実現されるべきです。また、法律家も行政官も、法律を日常の言葉で語るための努力をすべきだと思います。そのことが、逆に、陪審制・参審制への実現の道を開くことにもつながるに違いありません。このような努力は、すでに多くの法律家や行政官によってなされつつあると私は考えています。私自身も、そのあとに続くつもりでした。もっとも、その成否のほどは、読者の皆さんの御批判にまつしかありません。

＊　これは、実を言えば私の「法社会学」の講義の一部であり、『時の法令』（一二三六号、一九八五年新春合併号）に、「国民生活と法律のへだたり」という題で掲載されました。法意識の問題は、日本の法社会学にとって、一貫して重要なテーマの一つでした。日本法社会学会は、一九八一年から三年にわたってその研究に取り組みましたが、その成果は、日本法社会学会編『法意識の研究』（一九八二年）、『続法意識の研究』（一九八三年）、『法意識の現状をめぐって』（一九八四年）（いずれも有斐閣刊）として公表されました。私もこの企画に参加し、大きな影響をうけました。

日本人の法意識の研究にとって基本的な文献は、何と言っても川島武宜『日本人の法意識』（一九六七年、岩波新書）であり、これは、川島先生の法意識に関する他の重要な論文とともに『川島武宜著作集第四巻　法社会学4法意識』（一九八二年、岩波書店）に収録されました。そのほか、本文にあげたもの以外で私が今回とくに参照したのは、大阪弁護士会編『法・裁判・弁護士—国民の意識—』（一九七七年、ミネルヴァ書房）、神島・沢木・所・淡路編『日本人と法』（一九七八年、ぎょうせい）、稲子恒夫『日本法入門』（一九八一年、法律文化社）、日米文化系学術交流委員会「『日米法文化の比較検討』研究会議」（『ジュリスト』七六〇、七六二号、一九八二年）、柴田光蔵『法のタテマエとホンネ—日本法文化の実相をさぐる—』（一九八三年、有斐閣）、大木雅夫『日本人の法観念—西洋的法観念との比較—』（一九八三年、東京大学出版会）、村上淳一『「権利のための闘争」を読む』（一九八三年、岩波書店）などでした。なお、前出の『法意識の研究』には、六本佳平氏による「日本人の法意識」に関する文献一覧が掲載されています。

あとがき

この本は私の講演を集めたものです。私は、講演のあと聴衆の皆さんに満足のいく話ができなかったと後悔するのが常なので、あまりお引受けしませんでした。しかし通算してみると決して少なくはなく、そのうちかなりの部分が、関係者のお力で活字やガリ版刷になって残っています。今年、外国の学生諸君に日本に関する話をする機会に恵まれたこともあって、日本の法・法学・法律家・法意識に関するものを集めてみることにしました。

しかしやってみると、この作業は決して簡単なものではありません。第一に、全体の内容を体系化できるだけのスペースがなく、最初考えた半分の講演を、しかもかなりの圧縮を加えて収録するに止まりました。第二に講演の性格上、客観的には内容に過不足がありますが、話の流れから不足を補うことが困難でした。これは時間をかけて計画的に書いた論文とちがう所です。しかし講演には、限られた時間内で精一杯本音を語るという面もあるので、それなりの意味があるかも知れません。

最後に、私の拙い話を聞いて下さった聴衆の皆さん、これを形にするために骨折って下さった方々、転載を快く承諾して下さった各出版社、そして難航する作業に音をあげた私を激励して、ここまで持ってきて下さった東京大学出版会の羽鳥和芳さんに心からお礼を申しあげたいと存じます。

著　者

新装版あとがき

一九八五年に本書が刊行されてから、すでに四半世紀を過ぎました。本書の新装版が、この長い歳月に堪えて意義を持ちうるかどうか大変心配です。

しかし今から思えば本書の刊行の頃は、ひとつの時代が終り、新しい時代が始まろうとしている時期でした。本書は偶然にも前の時代の総括を試みるものとなっており、新しい時代の胎動の一端を示す資料のひとつとなると考え、新装版の刊行をお受けしたしだいです。

私は本書刊行の一九八五年から翌一九八六年にかけて統一前の西ドイツに滞在しましたが、フライブルグ大学にいた夏学期に日本が女子差別撤廃条約を批准したことを知り、男女の性別分業の撤廃まで要求するこの条約の批准が日本社会に新たな段階を画するものと感じました。また、ベルリン自由大学にいた冬学期には、基軸通貨としてのドルの優位が崩れたプラザ合意がありました。ドルの価値が毎日下がり続ける過程を、アメリカ経由で帰国する途中で体験しました。さらに、帰国直後の一九八六年四月には、ソ連の地位を危機に陥いれたチェルノブイリ原発事故が起りました。一九七九年のアメリカのスリーマイル原発事故に続くこの大事件にたいし、ベルリンの友人たちからは悲痛な手紙が相次ぎました。中には年末に生まれて私たちもお祝いした赤ちゃんのため、アメリカに転職しようか、というものもあって危機感の強さに打たれました。これらは、世界が大きく変わっていく大きな流れをひしひしと感じさせました。その後、八〇年代末から九〇年代にかけて、中国の天安門事件、東西ドイツの再統一、ソ連の解体、東西冷戦の終結とアメリカ主導のグローバリゼーション、日本のバブル崩壊、と激動が続き、二一世紀を迎えても、イラク戦争、東日本大震災・福島原発事故など世界を揺るがす大事件がつづいています。この間、国連加盟国家の増加が示すように、国境さえも不安定化し、世界も日本もその行き着く姿は明らかでありません。新しい時代を十分に予見できなかったことを反省しつつ、本書が課題としたことを振り返り、その後の変化を追ってみたいと思います。

「日本の法の歩み」の章は、「近代日本の法と法学」と「戦後法社会学の歩み」とからなり、近代日本の法の研究が、法規の研究から進んで社会との関係の解明を目指す過程を追究し、戦後の法社会学が当面する課題を示そうとしました。

私の問題意識の底には、個別的な法現象と総体としての法体制との関係はどうなっているか、ということがありました。法学の大きな任務のひとつとして個別的な紛争解決の基準の発見がありますが、望ましい解決基準を認めない壁があることもしばしばです。その壁の解明を目指すものとして、法社会学の役割を考えていました。個別の法現象の研究においても総体としての法体制によるしばりを意識し、法体制を考察する場合も個別の法現象のインパクトに留意するのです。いま法学者は、急激な社会変化に伴う膨大な立法の解釈に追われていますが、法体制を追究する視点も期待したいと思います。

なお、本文の記述には不十分な点が多々ありますが、とくに明治三〇年代初頭に確立し、その後も主導的役割を果たした法体制（私はこれを「明治三二年体制」とよんでいます）の特質について言及が欠けていることは、講演の流れによるとはいえ問題でした。それは、日本自身は欧米列強による不平等条約の束縛を脱すると同時に、近隣アジア諸国に不平等条約を強制し、植民地支配を組み込んだもので、戦後改革におけるその反省と清算が不十分に終ったため、近隣諸国との間に危険な緊張関係が持続し、現代日本の直面する最大の問題のひとつとなっているからです。歴史は活断層であることを忘れてはならない、と思います。

また短命な民法学者に触れたところ読者から加古祐二郎先生の没年についてご注意がありました。先生は三一歳でなくなられましたので補正いたします。

「法律家と国民」の章は、「日本社会と弁護士」「市民生活と司法書士」「司法に対する国民の参加」からなっていますが、国民の権利を実現する上に重要な役割を果たしてきた弁護士と司法書士について期待されるあり方を論じ、国民の直接の司法参加としての陪審制度に及んだのでした。

その後、弁護士事務所の大規模化・国際化は急速に進みました。このことが、弁護士を国民から遊離した存在にするのではないかと危惧されましたが、市民の権利を擁護する弁護士の活動は営々と続けられています。また、身近な法律家としての司法書士の活動も発展し、サラ金被害者の救援活動に取り組んだり、成年後見制度の受け皿として公益社団法人成年後見リーガルサポートを設立し、五千人を超える司法書士が参加しているなど、注目すべきものがあります。司法書士制度についても、日本司法書士会連合会が司法書士の登録事務を担当することとなり、司法書士の自治へと大きく前進し、また、平成一四（二〇〇二）年改革において、法務大臣により能力を認定された司法書士について、簡裁民事事件の代理権が認められましたが、懲戒権の付与には到っておりません。

さらに、二一世紀に入ってから司法制度の全面的な改革が行われました。司法が、日本社会をグローバリゼーションに適応させるための政策の一環として期待されたからです。自立した個人と、その自己責任が社会関係の基本であり、行政は主としてその支援に止まり、紛争の解決は個人の責任で司法を利用することとされました。いわゆる事前規制から事後規制への転換です。そのためには司法はアクセスしやすく、かつ民意を反映するものでなければなりません。労働審判法・裁判員法・改正検察審査会法・司法支援法・法科大学院司法試験連携法など一連の法律はそのためで、司法と国民との距離を、何とか縮めようとする努力でした。懸案の司法参加も、一種の参審制度である裁判員制度によって実現を見ました。しかし司法改革の結果が満足すべきものかというと疑問です。国民の司法へのアクセスを助ける法律家の養成制度や、法律相談・訴訟救助など司法アクセスの支援制度がうまくいっていません。このことは次に見る日本人の法意識の問題と関連しているので、そこでもふれることにします。

「日本人の法意識」の章は、「ことばと法律」と「日本人の法意識」とからなっています。まず「ことばと法律」では、私たちの日常のことばと法律上の用語や文章との隔たりがどこから来ているのかを検討するとともに、法の用語や文章を分りやすくすること、日常の言葉を鍛えて私たちの要求を的確に表現できるようにすることを強調しました。また「日本人の法意識」では、その特徴を「うち」と「そと」を区別し、「うち」の紛争は内部関係として法によらずに処理し、「そと」における法の介入を冷たい目で見る傾向のあることに求めました。そして二つの論文とともに、法と国民を近づけるために、国民の司法参加が必要であることを強調していました。

その後、まず法の用語や文章を分りやすくするため、刑法が一九九五年に、民法（総則、物権、債権）が二〇〇四年に口語に改められました。大いに歓迎すべきことです。また、裁判員制度の導入により、裁判が、法曹三者（裁判官、検察官、弁護士）による専門用語のやり取りではなく、一般市民にも分りやすい公正な手続により結論を導き出す過程へと一歩を踏み出しました。この制度については多くの問題点が指摘されておりますが、その適切な対処により、この制度が成長することを期待します。なお、法解釈の発展の例として取り上げた利息制限法の制限超過利息については、二〇〇六年の最高裁判決がこれを無効としました。それを受けて貸金業法と出資法が改正され、貸付け業者による超過利息の取得の処罰などが規定されましたが、それらの全面的実施は二〇〇八年からでした。ここでも立法速度の遅さを嘆かずにはいられません。

「日本人の法意識」は、様々なことを論じ、何とか結論にたどり着きたいとの当時の悪戦苦闘を物語っています。当時においても、この結論が実態を正確にとらえたものであったかどうか不安ですし、「うち」を支えてきた社会関係自体が危うくなっている現在、「うち」と「そと」を超えた法意識が生まれる必要があります。その場合、新しい時代を担う自立した個人の確立は重要ですが、自立の無理強いにならないことが必要です。例えば、介護保険法は、介護サービスは行政の措置によるものでなく当事者の契約によることとしました。しかしその前提として、本人の判断能力とサービスの十分な供給が不可欠です。つまり、自立を要求するには、まず当事者の地位の対等性・情報の対称性の保障措置が必要なのです。そうでないと、形式的には平等でも実質的な不平等が生じます。さらに、その後のセイフティネットが不十分であれば苛酷な社会にならざるを得ません。格差と貧困が問題となっている現状はその危険性を示しています。この論文の冒頭で提起した、公平と連帯と責任とに支えられた社会を、「うち」と「そと」の克服によって築かなければならないと考えます。東日本大震災と福島原発事故は、そのことを私たちに教えているのではないでしょうか。

以上、本書が課題としたところを振り返り、その後どのような進展が見られたかを不十分ながらたどってみました。そこではある程度の発展が認められるものの、法と国民の距離を縮めるという点では決して満足すべきものではないと感じます。さらにグローバリゼーションによって人、もの、資金、情報などが国境を越えて流動する反面、国家とその法規制が強化される傾向を示しています。これは法と国民との距離に対し新たな拡大の道を開くものではないかと懸念されます。現在の法体制がどのような内容と方向性を持つものであるか、皆さんと一緒に研究したいと思います。

なお、このあとがきの執筆について、東京大学出版会の山田秀樹氏から貴重な助言を頂きました。厚く御礼申しあげます。

二〇一三年五月一五日

利谷　信義

著者略歴

1932 年　釜山に生れる
1955 年　東京大学法学部卒業
　　　　東京都立大学助教授，東京大学・お茶の水女子大学・東京経済大学の教授，東京家政学院大学学長を経て
現　在　東京大学名誉教授，お茶の水女子大学名誉教授，東京経済大学名誉教授，東京家政学院大学名誉教授

編著書

『法と裁判』（編著）（学陽書房，1972 年）
『現代日本の法思想』（共編）（日本評論社，1972 年）
『日本の法学者』（共編）（日本評論社，1974 年）
『裁判と国民の権利』（共編）（三省堂，1978 年）
『明治前期の地方制度と戸籍制度』（共著）（橘書院，1981 年）
『家族と国家』（筑摩書房，1987 年）
『離婚の法社会学』（共編）（東京大学出版会，1988 年）
『法における近代と現代』（共編）（日本評論社，1993 年）
『家族の法』（有斐閣，1996 年，2010 年第 3 版）

新装版 日本の法を考える　UP コレクション

1985 年 6 月 10 日　初　版第 1 刷
2013 年 8 月 23 日　新装版第 1 刷

〔検印廃止〕

著　者　利谷信義《としたにのぶよし》

発行所　一般財団法人　東京大学出版会
代表者　渡辺　浩
113-8654 東京都文京区本郷 7-3-1 東大構内
電話 03-3811-8814　Fax 03-3812-6958
振替 00160-6-59964

印刷所　大日本法令印刷株式会社
製本所　誠製本株式会社

ISBN 978-4-13-006503-0　Printed in Japan

「UPコレクション」刊行にあたって

学問の最先端における変化のスピードは、現代においてさらに増すばかりです。日進月歩（あるいはそれ以上）のイメージが強い物理学や化学などの自然科学だけでなく、社会科学、人文科学に至るまで、次々と新たな知見が生み出され、数か月後にはそれまでとは違う地平が広がっていることもめずらしくありません。

その一方で、学問には変わらないものも確実に存在します。それは過去の人間が積み重ねてきた膨大な地層ともいうべきもの、「古典」という姿で私たちの前に現れる成果です。

日々、めまぐるしく情報が流通するなかで、なぜ人びとは古典を大切にするのか。それは、この変わらないものが、新たに変わるためのヒントをつねに提供し、まだ見ぬ世界へ私たちを誘ってくれるからではないでしょうか。このダイナミズムは、学問の場でもっとも顕著にみられるものだと思います。

このたび東京大学出版会は、「UPコレクション」と題し、学問の場から、新たなものの見方・考え方を呼び起こしてくれる、古典としての評価の高い著作を新装復刊いたします。

「UPコレクション」の一冊一冊が、読者の皆さまにとって、学問への導きの書となり、また、これまで当然のこととしていた世界への認識を揺さぶるものになるでしょう。そうした刺激的な書物を生み出しつづけること、それが大学出版の役割だと考えています。

一般財団法人　東京大学出版会